考拉旅行 乐游全球

重磅旅游图书
《英国攻略》新装升级
一如既往带您畅游英国

攻略英国

旅游行家亲历亲拍！
超美英国热地大赏！

GUIDE

2019-2020
全彩升级版

《英国攻略》编辑部 编著

华夏出版社
HUAXIA PUBLISHING HOUSE

目录 CONTENTS

英国攻略

A 速度看英国!	…009
B 速度去英国!	…010
C 速度行英国!	…016
D 速度赏英国!	…020
E 速度玩英国!	…022
F 速度玩英国!	…024
G 速度吃英国!	…026
H 速度买英国!	…028
I 速度买英国!	…030
J 速度游英国!	…032

Part.1 伦敦·白金汉宫 …037

白金汉宫	…038
Sweetings	…039
皇家马厩	…040
Burberry 工厂直销店	…040
圣詹姆斯公园	…040
禁卫军博物馆	…041
威斯敏斯特教堂	…041
圣玛格丽特教堂	…042
议会大厦	…042
大本钟	…043
威斯敏斯特天主教堂	…043
牛津街	…044
赛弗里奇	…044
约翰·刘易斯百货	…045
玛莎百货	…045
斯皮特菲尔德市场	…046
伦敦眼	…046
萨奇画廊	…047
泰晤士河	…047
汉普顿宫	…048
格林威治市集	…049
Trafalgar Tavern	…049

Part.2 伦敦·特拉法尔加广场 …051

特拉法尔加广场	…052
波特贝罗路市集	…053
波特贝罗路古董商店街	…054
圣马丁教堂	…054
国家美术馆	…055
海军拱门	…056
皇家骑兵卫队总部	…056
国宴厅	…056
阵亡将士纪念碑	…057
唐宁茶	…057
唐宁街10号	…058
莱斯特广场	…059
查令十字街	…059
Dog & Duck	…060
Rock & Sole Plaice	…060
Maison Bertaux	…061
科芬园	…061
Hatchards	…062
邦德街	…062
Pringle of Scotland	…063

皮卡迪利广场	…063
Waterstone's	…064
Wedgwood	…064
Paxton & Whitfield	…065
Floris	…065
Prestat	…066
Fortnum & Mason	…066
伦敦中国城	…067
国王十字车站	…068
World's End	…069

Part.3 伦敦·大英博物馆 …071

大英博物馆	…072
James Smith & Sons Ltd.	…073
波洛克玩具博物馆	…074
科文特加登广场	…074
West Cornwall Pasty	…075
贵宾席剧场商品店	…075
伦敦交通博物馆	…076
帕普二手货服饰店	…076
圣保罗大教堂	…077
红茶之家	…077
Ye Olde Cheshire Cheese	…078
Cittie of Yorke	…078
皇家医院	…079
卡尔雷故居	…079
北肯辛花园	…079

Part.4 伦敦·伦敦塔 …081

伦敦塔	…082
砖块街	…083
伦敦塔桥	…084
贝尔法斯特号	…084

Brick Lane Beigel Bake	···085
伦敦桥	···085
萨瑟克大教堂	···085
皇家交易所	···086
英格兰银行博物馆	···086
莎士比亚环形剧场	···086
泰特现代美术馆	···087
伦敦市政厅	···087
新市政厅	···088
郡政厅	···088
瑞士保险总部	···089
罗伊德保险协会大楼	···089
圣玛丽里波教堂	···089
设计博物馆	···090
千禧桥	···090
伦敦博物馆	···091
圣巴塞罗缪教堂	···091

Part.5 伦敦·海德公园 ···093

海德公园	···094
威灵顿拱门	···095
肯辛顿花园	···095
肯辛顿宫	···096
皇家艾伯特演奏厅	···096
科学博物馆	···097
自然历史博物馆	···097
摄政街	···098
维多利亚和艾伯特博物馆	···099
Hamleys	···099
利百代百货	···100
哈维·尼科尔斯百货	···100
哈罗兹百货	···101

Part.6 伦敦其他 ···103

蛇形画廊	···104
艾伯特亲王纪念塔	···105
萨默塞特宫	···105
国家肖像馆	···106
福尔摩斯博物馆	···106
华莱士收藏馆	···107
杜莎夫人蜡像馆	···107
狄更斯故居	···108
圣詹姆斯宫	···108
温布利球场	···108
Simpson's Tavern	···109
Bibendum	···109
摄政公园	···109
格林威治天文台旧址	···110
旧皇家海军学院	···110
诺丁山	···110
国立海事博物馆	···111
皇后之屋	···111
邱园	···111

Part.7 温莎 ···113

温莎皇家购物中心	···114
温莎镇	···115
温莎堡	···115
温莎大公园	···116
伊顿镇	···117
伊顿公学	···117

Part.8 剑桥 ···119

大圣玛丽教堂	···120
剑桥市集广场	···121
国王学院	···121
剑桥书店	···121
费兹威廉博物馆	···122
三一学院	···122
圣墓教堂	···123
圣约翰学院	···124
剑河	···125
皇后学院	···125

Part.9 牛津 ···127

爱丽丝的店	···128
比斯特村	···129
阿什莫林博物馆	···129
卡法克斯塔	···129
基督教堂学院	···130
大学学院	···130
默顿学院	131
基督圣体学院	···132
牛津大学自然历史博物馆	···132
莫德林学院	···132
瓦德汉学院	133
圣玛丽教堂	···133
牛津商业中心	···134
拉德克利夫科学图书馆	···134
波德里安图书馆	···134
赫特福德学院叹息桥	···135
谢尔登剧院	···135
牛津城堡	···136
布莱克威尔	···136
布莱尼姆宫	···137

Part.10 斯特拉特福 ···139

圣三一教堂	···140
莎士比亚中心	···141
莎士比亚诞生地	···141
皇家莎士比亚剧院	···141
莎士比亚母亲的房子	···142
莎士比亚妻子之屋	···142
霍尔园	···142
高尔纪念园	···143
哈佛之屋	···143
阿戴尔购物中心	···143
纳什之屋	···143

Part.11 曼彻斯特 ···145

艾伯特广场	···146
人民历史博物馆	···147
卡斯尔菲尔德城市遗产公园	···148
阿恩代尔中心	···148
科学和工业博物馆	···148
约翰·赖兰兹图书馆	···148
劳里艺术中心	···149
库瑞本克纺纱厂	···149
曼彻斯特中国城	149

Part.12 利物浦 ···151

艾伯特码头	···152
Three Graces	···153
航海博物馆	···153
马修街	···154

巨穴夜总会	…154
都市天主教堂	…155
利物浦大教堂	…155
利物浦博物馆	…156
披头士纪念馆	…156
圣乔治大厅	…157
Liverpool ONE	…157

Part.13 湖区 …159

温德米尔湖	…160
索里村	…161
碧翠丝·波特博物馆	…161
碧翠丝·波特艺廊	…161
鹰岬文法学校	…161
莱德山庄	…161
圣米迦勒天使教堂	…162
华兹华斯博物馆	…162
鸽舍	…162
格拉斯米尔村	…162
安布尔赛德	…163
姜饼屋	…163
圣奥斯华德教堂	…163

Part.14 苏格兰 …165

爱丁堡城堡	…166
爱丁堡儿童博物馆	…167
人民博物馆	…167
圣十字宫	…168
皇家苏格兰军团博物馆	…168
卡尔顿山	…169
象房咖啡馆	…169
皇家英里大道	…170

苏格兰博物馆	…170
王子街	…171
不列颠尼亚号皇家游艇	…171
斯特林古堡	…172
罗斯林小教堂	…172
卡农门街	…172
苏格兰议会大厦	…173
圣贾尔斯大教堂	…173
约翰·诺克斯宅第	…174
斯戴尔夫人之家	…174
格莱斯顿之家	…174
苏格兰威士忌遗产中心	…175
格拉斯哥乔治广场	…175
格拉斯哥大教堂	…176
格拉斯哥艺术学院	…176
汉特里安艺术画廊	…177
布雷尔收藏馆	…177
特威德河	…178
格拉姆斯古堡	…179
凯恩戈姆国家公园	…179
尼斯湖	…180
格伦科峡谷	…180
安尼克古堡	…181
圣安卓	…182
罗蒙特湖和特洛萨克斯山国家公园	…182
威廉堡	…183
苍穹岛	…183

Part.15 威尔士 …185

加的夫城堡	…186
加的夫市政厅	…187
威尔士城堡工艺品百货	…188
加的夫千年球场	…188
威尔士国家博物馆和美术馆	…189
加的夫湾	…189
码头大厦	…190
科技馆	…190

圣费根国立历史博物馆	…190
威尔士生活博物馆	…191
威尔士议会大厦	…191
卡菲利城堡	…192
兰塔夫大教堂	…192
国家煤矿博物馆	…193
国家羊毛博物馆	…193
卡里迪加庄园	…194
红堡	…194
斯诺登尼亚国家公园	…195
波特梅里恩	…196
哈勒赫古堡	…196
天鹅海	…197
卡纳封	…198
康威城堡	…199
英国最小的房子	…199
圣戴维斯	…200
安格尔勒西岛	…200
兰迪德诺	…201

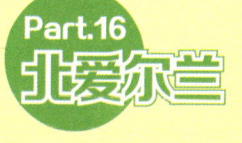

Part.16 北爱尔兰 …203

贝尔法斯特市政厅	…204
圣安大教堂	…205
贝尔法斯特女王大学	…206
贝尔法斯特动物园	…206
植物园	…207
西北尔德城堡购物中心	…207
泰坦尼克号之旅	…208
圣乔治广场	…208
维多利亚购物广场	…208
阿尔斯特民俗和交通博物馆	…209
皇冠酒吧	…209
厨房酒吧	…210
伦敦德里	…210
盖德大厅	…211
圣哥伦布大教堂	…211
巨人之路	…212

布什米尔斯老酒厂	…212
卡里克空中索桥	…213

Part.17 英国其他 …215

披头士纪里	…216
老特拉福德球场	…217
巨石阵	…218
巴斯教堂	…218
巴斯罗马浴池	…219
简·奥斯汀中心	…219
皇家新月楼	…220
帕特尼桥	…220
安菲尔德球场	…221
舍伍德森林乡村公园	…221
诺丁汉城堡	…221
诺丁汉大学	…222
罗宾汉故事博物馆	…222
约克大教堂	…222
Sotheran's	…223
霍华德城堡	…223
约维克维京中心	…223
国家铁路博物馆	…224
约克郡博物馆	…224
克利福德塔	…224
荷尔农庄	…225
布莱顿皇家亭阁	…225
利兹	…226
泽西岛	…227

Part.18 索引 …228

英国
攻略GUIDE

好玩

好买

好吃

速度看英国！
BRITAIN HOW
英国推荐

1 印象
大部分人对英国的第一印象往往是伦敦的雾气和钟声，著名学府牛津大学、剑桥大学，以及彬彬有礼却冷淡的英国绅士。作为世界上第一个工业化国家，英国现今依旧是欧洲最大的金融中心，伦敦的金融市场吸引着世界各地众多的公司来此利用英国的商业契机。此外，英国拥有世界一流的教育，其历史更为悠久，可追溯到800多年前牛津大学和剑桥大学成立的时代。正式名称为大不列颠及北爱尔兰联合王国的英国简称为"UK"。苏格兰苍凉的荒原、康沃尔湛蓝的海水、威尔士宁静的乡村、曼彻斯特喧闹的夜生活都共存于这个岛国之中，绘成了一幅斑斓多彩的画卷。

2 地理
英国位于欧洲大陆西北，被北海、英吉利海峡、凯尔特海、爱尔兰海和大西洋包围，由大不列颠岛（包括英格兰、苏格兰、威尔士）以及爱尔兰岛东北部的北爱尔兰和周围5500个小岛（海外领地）组成，国土总面积24.41万平方公里，全境分为英格兰东南部平原、中西部山区、苏格兰山区、北爱尔兰高原和山区四部分。

3 气候
英国属温带海洋性气候，由于北大西洋暖流影响，冬暖夏凉，四季温变化不大，每年2月份至9月最

为干燥，10月至次年1月最为湿润，年平均降水量为1000~2000毫米，最低气温不低于-10℃。

4 区划
英国主要分英格兰、威尔士、苏格兰和北爱尔兰四部分，其中英格兰划分为43个郡，威尔士下设22个区，苏格兰下设29个区和3个特别管辖区，北爱尔兰下设26个区。此外，英国还有14个海外属地。

5 人口和国歌、国花、国树、国鸟
英国人口约有6661万，国歌为《君佑女王》，国花为玫瑰花，国树为英国栎，国鸟为红胸鸲。

BRITAIN HOW 速度去英国！

❶ 如何办理赴英旅游观光手续及注意事项

由于现今英国并未开放对中国的个人观光签证申请，中国公民如果想要去英国旅游只能选择ADS（指定目的地旅游计划），该计划适合5人或5人以上的团队参加由具相关资质的旅行社组织的旅行团，由旅行社统一办理团队签证，前往英国旅游。也可以根据旅行社提供的咨询意见，在英国签证申请中心（VAC）网站上申请签证，或自己亲自前往英国签证申请中心办理。具体办理手续如下：

赴英旅游	
申请资格	全国所有地区的公民都可以申请赴英旅游。
所需材料	1.填写完整的签证申请表。 2.机票订单复印件。 3.户口本。 4.旅行保险单。 5.身份证复印件。 6.一份当前有效的旅行证件或护照。 7.三张彩色护照照片。 8.婚姻状况文件。 9.目前工作或学习的证明文件。包括：由雇主用单位抬头纸出具的证明信，此证明信应注明工资及在此单位的工作时间，确认已获批假期，并说明此假期是否带薪。 由学校用单位抬头纸出具的证明信，此证明信应确认您是在校生及已获批假期的情况。 企业注册文件，以确认企业所有者的姓名及企业开业日期。 10.您的资金信息。 您可以递交以下任何资金文件，以证明您如何负担出行费用。该文件应包括来自所有渠道的月收入证明，如来自工作、朋友、家庭、存款或房产。 如果您提供的文件是联合账户，您应解释谁是另一位账户所有者，并且为什么您允许使用此账户的资金。 如果您的配偶或伴侣有工作，您也应提供其工作及资金的证明。 如果您不是自己支付您出行的费用，您应提供为您支付费用的人员的证明。 11.银行对账单或存折。 此类文件应显示以往六个月账户中存取记录，并显示账户持有者的姓名。 银行存款或余额证明。 此类文件应显示账户余额、账户持有者姓名及账户开立日期。 12.工资单。 13.税单（企业或个人）。 您应递交政府税收部门出具的您最近的所得税缴纳证明文件。

英国推荐

所需材料	14. 来自于房产或土地的收入证明。 此类文件包括房产契约、抵押说明、租赁协议、会计证明信、土地注册文件或谷物收据。如果房产或土地注册在多人名下，您需要解释您拥有多少。如果土地的收入被分摊，您应解释此收入分摊的方法。 15. 住宿及旅行具体安排。 您可以递交以下任何文件，来说明您的住宿安排以及您在结束旅行时准备离开英国。 您亲戚或朋友出示的邀请函。 酒店预定确认（通常为电子邮件）。 旅行预定确认（可以为电子邮件或票据复印件）。 旅行社对以上两种预定的确认。 房屋居住者出具的确认信，确认您可以居住及住宿的详细信息。
停留时间	旅游签证有效期为六个月。
所需费用	89英镑
注意事项	1. 申请签证时所递交材料请保证真实，否则可能造成不必要的麻烦。 2. 游客可以通过英国签证申请中心网站www.visa4uk.fco.gov.uk在线提交签证申请，提交后相关工作人员会用电子邮件通知所需的证明文件和申请费用，您可以自行选择预约面试时间、采集指纹并支付签证费用。当然，英国签证申请中心也接受手写的签证申请。 3. 英国驻中国大使馆也接受签证的申请。 4. 英国签证申请中心只负责接收申请，而审核处理则是由英国签证局来办理。

*上述介绍仅供参考，具体申请手续以当地有关部门公布的规定为准。

❷ 签证申请步骤

第一步
访问英国签证及移民局网站（https://www.gov.uk/check-uk-visa），并且在线申请签证。

第二步
要完成签证申请，您必须预约并且前往在中国的12家签证中心中的一家。所有申请人都必须提前预约，未预约申请人将不再被接受。

中国的12家签证中心

北京
地址：北京市东城区东水井胡同6号，北京INN2号楼A座，9层A区，A901至919室
邮编：100010
办公时间：7:30—14:30
（仅接受预约递交申请）

武汉
地址：湖北省武汉市武昌区中北路171号，汉街总部国际C栋302室
邮编：430071
办公时间：8:00—15:00
（仅接受预约递交申请）

沈阳
地址：辽宁省沈阳市沈河区团结路9号（华府天地5号楼）10层2室&3室
邮编：110013
办公时间：8:00—15:00
（仅接受预约递交申请）

济南
地址：山东省济南市历下区泺源大街22号中银大厦18层
邮编：250012
办公时间：8:00—15:00（仅接受预约递交申请）

重庆
地址：重庆市渝中区民生路235号海航保利大厦33 B
邮编：400010
办公时间：8:00—15:00
（仅接受预约递交申请）

成都
地址：成都市武侯区人民南路四段3号来福士广场裙1四层01单元
邮编：610042
办公时间：8:00—15:00
（仅接受预约递交申请）

上海
地址：上海市黄浦区徐家汇路555号广东发展银行大厦3楼
邮编：200023
办公时间：8:00 - 15:00
（仅接受预约递交申请）

杭州
地址：杭州市下城区朝晖路203号深蓝广场1501-D室
邮编：310014
办公时间：8:00 - 15:00
（仅接受预约递交申请）

南京
地址：南京市建邺区江东中路106号万达广场B座2304室
邮编：210017
办公时间：8:00 - 15:00
（仅接受预约递交申请）

广州
地址：广州市天河区体育西路189号城建广场215室
邮编：510620
办公时间：8:00 - 15:00
（仅接受预约递交申请）

深圳
地址：深圳市福田区福华一路大中华国际交易广场北门西区25F-11室
邮编：518048
办公时间：8:00 - 15:00
（仅接受预约递交申请）

福州
地址：福州市鼓楼区五一中路18号正大广场御景台20层
邮编：350001
办公时间：8:00 - 15:00
（仅接受预约递交申请）

第三步
在预约申请的当天，请提前15分钟到达签证中心。带上预约单、申请材料、护照和另一个有效身份证件。

当您到达签证中心，您会得到一张叫号单，请耐心等候叫号并且递交您的申请。

请保留您的收据，作为将来领取资料的凭证。

重要通知：一旦在签证中心递交申请之后，您将无法再次补充材料。您在申请时所递交的材料将作为审理的唯一凭证。

第四步
在签证中心录取指纹和照相（也称作生物信息采集）。这包括数字指纹扫描（10个指头）和数码照相。指纹扫描使用的是电子扫描仪，无需墨水、液体以及化学物质。您须确保手指上没有任何形式的装饰（例如：指甲花花染）、刀伤、磨损或者其他印记，因为这些都会影响您提供有效指纹的有效性。您的数码照片必须包含整个面部，除去墨镜和任何彩色镜片，除宗教和医疗用途外，头部不可有任何遮挡物。您的面部必须清晰可见，没有头发遮住眼睛。如果您不提供生物信息，我们将无法受理您的签证申请。

第五步
选择您所希望的领取材料的方式，您可前往签证中心领取，或选用EMS快递邮寄给您。

③ 签证服务

黄金时间服务
针对不方便在正常工作时间到签证中心递交申请的申请人，签证中心推出了黄金时间服务。使用该服务的申请人可以在非正常工作时间，如傍晚或周末到签证申请中心递交申请。如需使用该项服务，请在网上预约时选择"黄金时间服务"选项，并在线支付服务费。这项服务费用不包含在签证申请费用和其他附加服务费用如快速签证服务或邮寄服务之内。ADS团队申请和夏/冬令营申请可由代理人直接在签证申请中心进行预约。

黄金时间服务适用于除计点积分制第四层级以外的所有签证类型，安排如下：

地点	日期	时间
北京、上海、杭州	周一和周三	17:00 - 19:00
广州、深圳、成都	周四	17:00 - 19:00

地点	季节性周期	日期/时间
北京、沈阳、济南、武汉、上海、杭州、南京、广州、深圳、福州、重庆、成都	每年夏季6月14日至9月13日	周六9:00 — 12:00

立即入优先签证服务

自2014年2月10日起，在中国满足以下条件的客户（包括ADS旅行团）可以享受优先签证处理服务，该服务需要支付额外的费用。

- 所有商务访问者
- 过去5年内到访过英国、美国、加拿大、澳大利亚、新西兰或申根国家的探亲访问者和普通访问者；
- 第二层级工作签证及同时递交的第二层级家属陪同签证；
- 第五层级体育人员及演艺人员。

这是一项可选择服务，在全国12个英国签证申请中心均有提供。选择该服务的申请人需要亲自到访签证申请中心并交纳签证费之外的加急费用84英镑。签证申请的审核时间将从标准审核程序的15个工作日（3个星期）缩减到以3至5个工作日为目标。

> **重要提示：**
> - 强烈建议任何有违反移民签证记录的申请人不要使用该服务。
> - 签证中心不能在签证申请递交了之后为您提供加急服务。
> - 冬/夏令营团队以及无陪伴的18岁以下申请人不得使用优先签证服务。
> - 使用这项服务并不表示，也不保证申请人肯定会获得签证。所有申请人必须符合英国移民条例。对于审核时间超过3至5个工作日的个别申请，或被拒签的申请，优先签证服务费用及签证费不予退还。

24小时超级快速签证服务

从2014年8月11日开始，在中国递交英国签证的申

请人满足以下条件并支付签证费以外的附加服务费用，即可享受超级优先签证服务：

- 所有商务访问者；
- 过去5年内到访过英国、美国、加拿大、澳大利亚、新西兰或申根国家的探亲访问者和普通访问者；
- 第二层级普通和公司内部调动签证申请者以及同时申请陪同出访的第二层级申请者家属；
- 第五层级体育人员及演艺人员。

这是一项可选服务，在北京、广州和上海的英国签证申请中心接受申请。所有符合条件的申请人如果希望享受该服务，需要亲临北京、广州或上海签证申请中心递交申请材料并支付签证费之外的超级快速签证服务费用8547元人民币。该服务的签证审核时间为24小时（一个工作日），而普通签证审核时间是15个工作日（3个星期）。周末及公共假日不算在24小时时间范围内。

> **重要提示：**
>
> ● 强烈建议曾违反移民法例并且/或者有违法记录的申请人不要使用该服务。
>
> ● 签证申请中心不能在签证申请递交之后为您提供超级优先签证服务。
>
> ● 使用这项服务并不表示，更不保证申请人肯定会获得签证；所有申请人必须符合英国移民条例的规定。
>
> ● 该服务并不保证您的申请肯定会在以上所述时间内完成审核并退还护照。因此英国签证及移民局强烈建议使用该服务的申请人不要完全依据该服务的审核目标时间确认旅行安排或其他相关计划。英国内政部及其商业合作伙伴均不为因签证审核时间而引发的任何费用损失承担责任。
>
> ● 申请人请知悉，如果在签证申请中心采集了生物信息之后，要求撤消申请，只有下午3点前收到其撤签通知的申请人的护照和材料才能在24小时内返还至签证申请中心。
>
> ● 如果签证申请被拒签，超级优先签证服务费用将不予返还。
>
> ● 如审核时间超过以上预计时间，超级优先签证的服务费用不予退还。然而，如果延迟的原因完全是英国内政部或商业合作伙伴造成的，每宗个案将被酌情考虑是否给予赔偿。赔偿额可能为相当于所支付的全部费用或其一部分。
>
> ● 客户需要选择超级优先签证服务预约时间，并于8:30—12:30在北京、上海、广州的签证申请中心提交申请并采集生物识别信息。此项服务的费用为600英镑（约合人民币5275.8元）。

护照返还

护照返还服务允许您在签证申请递交时取回护照。此服务是需要在申请英国签证的同时申请其他国家签证或出国旅行的申请人的理想选择。

在中国满足以下条件的客户可以享受这一服务：

- 商务访问者；
- 过去5年内到访过英国、美国、加拿大、澳大利亚、新西兰或申根国家的家庭访问者和普通访问者；
- ADS团队成员；
- 第二层级工作签证及同时递交的第二层级家属陪同签证；
- 第五层级体育人员及演艺人员。

此项服务需要您在申请时额外支付服务费。中国在所有12个签证申请中心均提供这种可选择的服务。

贵宾服务

签证申请中心有可供申请人使用的贵宾专用室。

申请人需每人额外支付300元人民币，就可以在北京、上海、广州英国签证中心享受贵宾服务。

申请人需按照提前预约的时间到达签证申请中心，服务时间为星期一至星期五早上8点到下午3点（北京：早上7点半到下午2点半）。该服务包含：

- 快速接待——更少等待；
- 贵宾专用室——更多舒适享受；
- 专门的贵宾服务人员——更多个性化服务；
- 快递签证结果——无需回到签证申请中心领取您的处理文件；
- 免费复印（最多10页）——更划算；
- 贵宾待遇——指导申请递交过程。

> **请注意：**
> 此服务并未以任何方式暗示或保证申请人使用贵宾服务将会有更短的签证审理时间或者他们的签证申请将会成功。所有签证申请人必须符合英国移民规定的要求。

翻译服务

请知悉，经英国大使馆授权，在中国境内的所有英国签证中心可为签证申请人提供翻译服务。申请人在签证申请前需要翻译任何文件的，或在申请过程中需要翻译文件的，现在都可在英国签证申请中心使用此项服务。

英国推荐

合适的费用：
一般翻译每页：人民币75元
复杂翻译每页：人民币110元

快递服务
返还签证申请材料的快递服务费用：每份申请60元人民币。

照相和复印服务
为需要照片的申请人提供的照相服务费用：4张照片35元人民币。为申请人提供的复印服务费用：每张(A4纸)1元人民币。

短信跟踪服务
签证申请中心提供以短信及邮件的方式通知申请人签证申请状态的服务。在签证申请的过程中，您将收到系统自动发送的短信及邮件，告知您签证申请的状态。您可以选择以中文或英文接收短信。在申请过程结束时，您将收到英国内政部签证及移民局已经完成审核您签证申请的通知，但您不会被告知您的申请是否通过。

您可以在前往签证申请中心提交签证表格、支持文件及生物信息的时候额外支付15元人民币使用此项服务。

④ 在英国需要注意的旅行生活常识

在英国出入境需要事先了解关于携带物品的相关规定，申报时一定要据实申报，不得走私、漏税、携带违禁物品或超过限量。英国的入境口岸一般有3种通道，分别是英国公民通道（BRITISH PASSPORT）、欧共体国家公民通道（ECCOUNTRIES）和其他国家公民通道（OTHER PASSPORTS），中国公民应选择其他国家公民通道办理入境手续。

在飞机即将入境时，空乘人员会提供英国入境卡和海关申报书，非英国公民可免税携带以下物品入境：200支香烟，100支小雪茄或50支雪茄或500克烟草；烈性酒一瓶或两瓶，酒精含量不超过22%的葡萄酒；50毫升香水和250毫升花露水及一定价值的纪念品，17周岁以下的人不得携带烟草和酒精制品入境。

英国的流通货币为英镑，人民币在英国是非流通货币，游客可以在每个城市的银行和兑换处兑换英镑，也可使用银联卡和信用卡。英国酒店出于环保因素不提供牙刷、牙膏、拖鞋等日用品，自来水可以直接饮用，在房间里也会准备烧水的器材，英国的电源电压为240伏，大多数国内220伏的电器都可以使用。英国的交通规则为靠左行驶，中国游客需要特别注意，并遵守当地的交通规则，可避免很多麻烦。

⑤ 常用电话

报警、救护电话：999
英国国内电话业务的免费咨询：100
中国驻英大使馆：020-7299-4049

C 速度行 英国！
BRITAIN HOW

1 航空

英国的首都伦敦是欧洲最重要的国际交通枢纽之一，游人几乎可以在世界上任何一个国家找到飞往伦敦的航班，中国的北京、上海和香港每天都有多班直飞伦敦的航班。

2 火车

英国拥有现代、高效的火车以及铁路网络。铁路网覆盖所有主要城市以及小型城镇。其运营商包括经营从伦敦到英国各地车站的几家大型公司，以及运营地区性线路的小型公司。

您可以在http://www.nationalrail.co.uk/获得最新铁路线、票价及火车时刻信息。要查询某特定线路及服务的具体信息，您也可以查看列车运营公司的网站。

车票

您可以在英国任何火车站、火车停靠点或在线购买国家铁路交通网络上任何一段行程的车票。取决于几项不同因素，票价差异很大。这些因素包括：出行的日期和时间、距离、提前多久预定、运营商。如果您提前预定或购买不得退票的车票，在英国乘火车旅行可能会更便宜。如果您避开高峰时段出行，则车票通常较为便宜。高峰时段指周一至周五05:00—10:00 及 15:00—20:00。

如果您需要多次乘火车出行，有多种通票可以帮助您节省费用。Britrail passes（http://www.visitbritainshop.com/world/travel-transport/rail-tickets.html）是乘火车出行的非常经济的方式，而且您既可以提前计划，也可以按日做出出行决定。此类车票适用于英国从事干线运营的所有私有铁路公司，包括希斯罗及盖特威克机场特快。

乘火车从伦敦去往爱丁堡

伦敦和爱丁堡可能是英国最受欢迎的城市游目的地，同时也分别是英格兰和苏格兰的首府。乘火车往返两地之间有诸多优势：让您直接抵离市中心，还可以从舒适的车厢内观赏风景。不过，除非您提前预定火车票，否则搭乘飞机的费用也许更低廉。伦敦和爱丁堡之间的铁路行程有两个选择：从伦敦国王十字火车站去往爱丁堡威弗利车站的普通日间列车，以及伦敦尤斯顿车站和爱丁堡威弗利车站之间的夜间Caledonian Sleeper，这一班列车每周六个晚上运行。 伦敦至爱丁堡普通列车的车程仅4~5小时，通常每小时一班。

③ 机场快线

希斯罗机场快线

希斯罗机场快线列车是从希斯罗机场去往伦敦市中心的最快捷方式。火车每 15 分钟一班，只需 16 分钟即到达伦敦帕丁顿火车及地铁站。同一段行程如果乘坐出租车则需要 1 小时 15 分钟，且费用为机场快线的4倍。

盖特威克机场快线

盖特威克机场快线列车是从盖特威克机场去往伦敦市中心的最快捷方式。火车每 15 分钟一班，只需 30 分钟即到达伦敦维多利亚火车、巴士及地铁站。同一段行程如果乘坐出租车则需要 2 小时，且费用为机场快线的4倍。

斯坦斯特德机场快线

斯坦斯特德机场快线列车是从斯坦斯特德机场去往伦敦市中心的最快捷方式。火车每 15 分钟一班，全程用时46分钟。同一段行程如果乘坐出租车则需要1.5小时，且费用至少为机场快线的4倍。提前预定您可节省5英镑。现在对在车上购票的乘客收取5英镑的附加费用。

④ 巴士及长途汽车

长途汽车

英国的长途汽车由私人公司运营，许多运营公司经营着英国各地的数千条路线。搭乘长途汽车出行通常比火车便宜得多，但时间较长。

❖ 主要的长途汽车运营公司：

National Express—— 全国长途汽车公司（Nationwide coach travel）

Megabus——经济型长途汽车（Buget coach company）以在英国各地提供面值1镑的车票而闻名

Easy Bus—— 低价机场客运公司（Low-cost airport transfers）

Scottish Citylink——苏格兰的主要长途汽车公司

许多长途汽车公司提供往返英国各地著名旅游景点的特别游览路线。长途汽车游览是观赏英国风光的理想方式。这些游览通常历时数天，票价包括酒店住宿费用，有时还包括著名景点的优惠门票。有些公司对集体预定提供折扣。

❖ 以下是一些英国长途汽车游览运营公司：

Andrews of Tideswell —— 全国游览（Nationwide tours）

City Sightseeing —— 全英观光巴士游览（Open-top bus tours around Britain）

Cooks Coaches —— 全国游览（Nationwide tours）

Original London Sightseeing —— 伦敦观光游（London sightseeing tours）

D-Way Travel —— 全国游览（Nationwide tours）

Dans Luxury Travel —— 伦敦观光游（London sightseeing tours）

Glenton Palmer —— 全国游览（Nationwide tours）

Karen Platt Garden Tours —— 全国游览（Nationwide tours）

Paul James Coaches —— 全国游览（Nationwide tours）

Scottish Tours —— 苏格兰游览（Scotland tours）

Scot It Scotland —— 苏格兰游览（Scotland tours）

Telford's Coaches —— 全国游览（Nationwide tours）

Trafalgar Tours —— 全国游览（Nationwide tours）

您可通过运营商网站（http://www.visitbritainshop.com/world/travel-transport/bus-and-coach-tickets/product/national-express-coach-travel-airport-to-anywhere.html）购买长途汽车车票（仅National Express公司线路），也可在长途汽车车站购买。通常您不能在搭乘长途汽车后于车上购票，所以最好提前购票。越提早预定，票价通常越低。

巴士

伦敦以外的公共汽车由数家私人公司运营。巴士是游览各地市镇的理想方式，而且车次很频繁。巴士车票的价格通常由您行程的远近来决定。有些巴士提供单程及往返车票，但通常您每一次搭乘都需要购票（即：只提供单程票）。

您可以在巴士车上购票，需要告诉司机您要去往的地点。有些城镇提供当日或一周内有效的车票，可从司机或巴士车站的咨询台购买。车票在每次搭乘时有效，而不是在一定时间段内有效。所以如果您中途下车，再次搭乘其他巴士时需要重新购票。有关伦敦巴士的信息请查看http://www.tfl.gov.uk/modes/buses/。

⑤ 伦敦地铁

伦敦地铁，也就是我们通常所说的"管道"，是世界上最古老的地下铁路系统。该系统目前有近300个车站，而且规模还在不断扩大，因此无论您在伦敦的任何地方，都会在附近便利地找到一处车站。DLR（Dockland's Light Railway）连接伦敦金融城和位于东部的多克兰码头区，为地铁系统构成补充。

伦敦地铁系统分为六个"分区"，成同心圆状分布。在地铁交通图上，伦敦市中心为1区（中心圆），距离伦敦市中心越远，分区编号数字越大。

在第3、4、5、6分区出行较之1区和2区便宜。但是，您需要支付旅程经过的所有分区的票价。

伦敦交通局为方便您出行提供免费的地图和指南。在大部分地铁站您都可以领取一份伦敦地铁交通图。各伦敦交通信息中心出售车票并提供免费地图。这些中心设于希斯罗机场各航站楼、伦敦主要车站以及英国及伦敦游客服务中心。

首末车时间因不同车站、不同方向和不同终点站而异。要查询各条地铁线的列车时刻表，请访问http://www.tfl.gov.uk/travel-information/timetables/。

希斯罗机场的地铁交通

要在希斯罗机场和伦敦各地之间往返您也可以搭乘地铁。西向的皮卡迪利线（深蓝色）在希斯罗机场设有三个车站，分别位于1至3号航站楼、4号航站楼和5号航站楼。这是从机场去往伦敦市中心最廉价的交通方式，全程不到一小时。

⑥ 伦敦公共汽车

伦敦拥有世界上规模最大的城区公共交通网络，公共汽车是一种便利的出行方式，也为乘客提供了大量的观光机会。不要错过两条古迹游览路线（9号及15号线）。这两条路线使用经典的双层巴士运营，途径多处伦敦最著名的地标。

如果您是从某外围分区去往伦敦的另一地区（非伦敦市中心），您可能需要搭乘两次巴士，分别驶入、驶出伦敦市中心。有些巴士路线只在日间运营，大概为6:00—23:00。不过，许多路线都提供24小时服务。

夜间巴士的编号前均带有字母N（如：N24）。这些巴士夜间运营，是地铁和出租车之外另一种很好的出行方式，地铁站零点左右停止运行，而乘出租车的价格则较为昂贵。有些夜间巴士的路线与日间运营巴士的路线相同，而另一些则采用完全不同的路线或是在地面上沿地铁线路运行。伦敦的夜间巴士系统堪称世界一流，服务覆盖伦敦多处地区。

在巴士快要到达车站时,您需要举手示意让巴士停靠。您可以使用处于有效期内的任何交通卡搭乘巴士。

搭乘大部分伦敦市中心线路时,您需要在乘车前购票,这些线路上的主要巴士车站附近设有售票机,出售单程车票及全日有效的巴士通票。由于售票机不设找零,您需要准备好相应数额的现金。许多报刊亭也出售巴士通票并提供Oyster充值服务。

❼ 火车及有轨电车

地上火车路线去往伦敦多地,是一种很受欢迎的交通方式,而伦敦地上铁路网络也覆盖伦敦外围的多处市郊地区。伦敦地上铁路路线包括里奇蒙德至斯特拉特福德、克拉帕姆路口至威尔斯登路口、福音橡树至巴肯,以及沃特福德路口至尤斯顿。伦敦有三条有轨电车线路:

1. 克罗伊登(伦敦南部)至埃尔默斯恩德(伦敦东南部)
2. 克罗伊登(伦敦南部)至贝肯汉姆路口(伦敦东南部)
3. 温布尔登(伦敦西南部)至纽阿丁顿(伦敦东南部)

有轨电车没有直接通往伦敦市中心的路线,但大部分路线在温布尔登设有车站,所以您可以从那里方便地搭乘地铁或巴士去往目的地。

❽ 河运交通

伦敦河务有限公司运营泰晤士河上的多项旅游及通勤船运服务。通勤服务有三条路线:

♣ 普特尼 — 切尔西港口 — 卡多根 — 路堤 — 黑衣修士

♣ 多克兰希尔顿 — 金丝雀码头班船

♣ 萨沃伊 — 金丝雀码头 — 桅室平台 — 格林尼治 — 沃尔维奇阿森纳

游览路线包括:

南岸 — 滑铁卢 — 米尔班克"泰特到泰特"
路堤 — 滑铁卢 — 南岸 — 伦敦塔 — 格林尼治
格林尼治周日晚间观光游船
伦敦眼 — 河船游览
多语种解说环线游览
里奇蒙德 — 金斯顿 — 汉普顿宫
威斯敏斯特 — 邱园 — 里奇蒙德 — 汉普顿宫
威斯敏斯特 — 圣凯瑟琳码头搭乘游船服务
威斯敏斯特 — 滑铁卢 — 伦敦塔 — 格林尼治
威斯敏斯特 — 格林尼治 — 河坝公园

❾ 出租车

300多年来,出租车一直是伦敦生活的一个组成部分,出租车辆和司机都需获取执照才能载客。著名的伦敦"黑色出租车"现在仍在使用,但也增加了许多其他色彩的车辆。目前伦敦有超过20000辆有执照的出租车,以及超过25000名有执照的出租车司机。现在,在英国各地大部分市镇也都普遍采用黑色出租车。

出租车的黄色"空车"标志亮起时,您可以在街上招手拦停。在大部分主要的火车站或机场外设有的出租车站您也可以搭乘出租车。通常一辆车允许搭载4至5人。计价器显示车费,通常还要给司机相当于车费约10%的小费。

出租车计费根据一天中的不同时段、车速和里程而不同。车费和任何其他费用始终显示于司机旁的计价器上。晚间、周末和公共假日期间车费更贵。

小型计程车

小型计程车是比黑色出租车便宜的一种出行选择,但您不能在街上招手拦停。一般可乘坐4名乘客,但有些可以搭载7人。预订时您可以要求使用更大的车辆。

如需订车,您可以打电话或亲临当地的小型计程车办事处(可从黄页电话簿中查询号码或访问www.yell.com。您可以提前一天预定小型计程车,或者在需要时随时预定。

小型计程车外观与普通汽车无异且没有计价器,因此最好在您的旅程开始之前谈妥车费。在伦敦,所有的小型计程车运营者都必须持有伦敦交通局(TfL)颁发的运营执照,为了您的安全请务必使用有执照公司的服务,切记;未经预定的小型计程车属非法运营,不安全且没有保险。预定小型计程车出行时您应始终坐在后排,等司机到来时他们可以确认您的姓名和目的地。

D 速度赏英国！
BRITAIN HOW

6大精彩英国名片

① 伦敦

古城伦敦是英国的政治文化中心，这里也是世界知名的旅游胜地。乘坐伦敦独特的双层巴士可以看到维多利亚时期的各种建筑。来到白金汉宫门外，参观威严肃穆的换岗仪式，还可以入内参观，感受当年"日不落帝国"的荣光。威斯敏斯特教堂庄重典雅，在哥特式建筑风格的基础上又留下了多个时代的印记，而这里的教堂塔钟则被称为"大本钟"，是伦敦的标志性景点。伦敦又是世界著名的文化艺术之都，大英博物馆内馆藏丰富，大英图书馆则是汲取各种知识的最佳地点。

③ 古堡

英国的古堡众多，而且保存完好，这些古堡造型精美，各有特色，极具历史文化价值和观赏价值。温莎古堡建造于11世纪，是一组庞大的建筑群，也是英国王室的行宫，古堡内的圆桌相传为亚瑟王与他的骑士们开会时使用的那张。掩映在森林深处的格拉姆斯古堡是一栋以灵异事件出名的古堡。地势险要的爱丁堡城堡则是苏格兰的象征，这里不但是古代苏格兰人寻求自由，与侵略者激战的沙场，也是他们顽强不屈的精神象征。这一系列风景名胜，共同构成了一幅美丽的天然画卷。

② 利物浦

利物浦是英国最著名的港口，也是披头士文化的发源地。来到利物浦可以深切感受到大英帝国的兴衰沉浮，默西河贯穿整个利物浦，与两岸的市政建筑和博物馆彰显了一个历史古城的独特风貌。漫步在利物浦的大街小巷可以看到那一处处古朴典雅的建筑和优美的城市风光。利物浦还是著名的足球之城，利物浦和埃弗顿都是世界足坛知名的劲旅。披头士是现代流行乐史上最伟大的乐队，利物浦是他们的故乡和进行首次演出的地方，在约翰·列侬去世之后，这里还建立了披头士博物馆。

④ 足球

　　足球是世界第一运动，英国又是现代足球的鼻祖，所以这里是足球文化最为繁荣的地方。足球在英国是一项极为普遍的大众运动，除了那些世界足坛呼风唤雨的职业球员外，数量庞大的业余与半业余球员才是英国足球的基础。伦敦、利物浦、格拉斯哥等地是足球运动最为发达的地区，游客可以进入现代化的体育场，在狂热球迷的歌声中欣赏顶级足球比赛所带来的精彩表演；也可以深入社区，近距离体验草根足球的独特魅力；还可以深入足球俱乐部的训练基地观看训练和了解各俱乐部悠久的历史与辉煌的成绩。

⑤ 苏格兰

　　说到苏格兰，人们就会想起那悠扬的风笛声与奇特的高地裙，独特的苏格兰民间文化更是英国民间艺术中的瑰宝。苏格兰的风光优美，尤其是苏格兰高地所拥有的雄伟壮美的自然风景，茫茫的森林、崎岖的山峦、精致的湖泊以及巨石覆盖的原野，这些美不胜收的风情令人沉醉。苏格兰以丰富多彩的艺术文化著称，这里欢快地吹着高亢悠远风笛的格子裙乐团带您走进曾经的岁月，有无数的城堡和宫殿正默默地讲述着这片大地上的一个个不朽的传奇。

⑥ 牛津与剑桥

　　牛津与剑桥都是世界闻名的一流大学，并且还拥有众多人文古迹。牛津大学以人文政治教育闻名于世，基督教会学院是这里最大的学院，并培养出多位英国首相；摩顿学院是牛津大学的第一个学院，它同时拥有牛津最古老的学院建筑。剑桥大学虽然历史没有牛津悠久，但仍以自己在自然科学方面的成就享誉天下，这里留下了牛顿、达尔文、霍金等伟大科学家的足迹，徐志摩的《再别康桥》更是华语现代诗歌的经典。每年一度的牛津、剑桥赛艇对抗赛是全世界最著名的赛艇对抗赛。

速度玩英国！

BRITAIN HOW

10大人气好玩旅游热地

① 伦敦塔

建于11世纪末的伦敦塔是英国最著名的古迹之一。伦敦塔最初是作为拱卫伦敦城的堡垒，后来成为一处关押达官显贵的监狱，很少有人能从这里活着出来。现在伦敦塔不但是英国女王的行宫之一，也是一处著名的博物馆，里面展出的都是英国王室多年来收集的珍贵物品。

② 白金汉宫

白金汉宫是英国王宫，经过不断扩建、整修，成了英国最为恢弘雄伟的建筑。宫殿正门悬挂着英国王室的徽章，房间里的装饰全都奢华无比，到处都能见到生动的壁画和雕塑，有些部分甚至还用黄金和象牙做修饰。

③ 议会大厦

议会大厦濒临泰晤士河，是现今英国的政治中心，同时也是世界上最大的哥特式建筑。早在16世纪英国开始议会政治时，这里就是议会所在地。此外这里钟楼上的大本钟是英国最著名的大钟之一。

④ 威斯敏斯特教堂

已有千年历史的威斯敏斯特教堂也称西敏寺，是英国的国家级圣公会教堂。在教堂内珍藏着英国国宝"斯库恩"圣石，上面还配有王座，每任英国国王即位时都要坐在这把椅子上加冕。

英国推荐

5 伦敦眼

为了迎接新世纪的到来而建的伦敦眼也称千禧之轮，是世界第三大摩天轮。伦敦眼全高135米，共有00个座舱，每个座舱可以容纳25人，每30分钟可以旋转一周。晚上灯光亮起，幻化成一个充满梦幻感的蓝色圆环。

6 大英博物馆

大英博物馆是世界上历史最悠久、规模最大的综合博物馆之一，内部分为十几个展馆，展出了来自世界各地的珍贵文物。其中罗塞塔石碑、亚尼的死者之书等都称得上稀世珍宝之作。

8 温莎堡

温莎堡是世界上目前最古老、最大的有人居住的城堡。古堡分作东西两大部分，自古以来便留下了很多美丽的传说故事，包括温莎公爵爱美人不爱江山等，一直为人们所津津乐道。

7 皇家植物园

皇家植物园是英国皇家花园之一，收集了来自世界各地的5万多种植物，除了植物外，这里还开辟有野生动物保护区，专门饲养濒临灭绝的动物。

10 内斯湖

内斯湖（尼斯湖）是英国内陆最大的淡水湖，最深处深达300米，水中充满了黑色的泥煤，湖四周一年四季风光多变，美丽的景色如同一幅油画一般。举世闻名的水怪传说更是为这里平添了不少神奇的色彩。

9 史前巨石阵

巨石阵是世界著名的史前文明遗迹，吸引着来自世界各地的游客。巨石阵的外层呈圆形，一块块高大的蓝砂岩石块排列在一起，部分石柱还通过位于上方的弧形石柱连接在一起，此外还有巨大的石拱门和石塔，是一处充满谜团的史前遗迹。

速度玩英国！ BRITAIN HOW

10大无料主题 迷人之选

① 特拉法尔加广场

特拉法尔加广场是伦敦市中心最著名的一个广场，这里四面都邻接伦敦闹市，地理条件得天独厚。广场中央立有纪念英国海军将领纳尔逊的石柱。在广场的四角各有一座台基，除了西北侧外，其他的台基上都安置了名人雕像，而西北侧台基则以轮换的方式安置不同的雕塑，是广场最大的看点。

② 泰晤士河

泰晤士河是英国第二大河，被称为英国的母亲河，这条河横贯了包括伦敦在内的英国十数座主要城市，沿岸有着无数知名建筑，包括伦敦塔、威斯敏斯特教堂、圣保罗大教堂等，河上的伦敦塔桥也有"伦敦正门"之称。

③ 科文特加登广场

科文特加登广场是伦敦第一座露天广场，这里原本是修道院的花园，后来也被用作蔬菜市场。如今这里是一座充满了露天市集、街头小店、街头咖啡馆的休闲广场，还有不少街头艺人每天都在为人们奉献着自己的艺术。

④ 海德公园

占地146公顷的海德公园是英国最大的皇家公园，其前身是英国王室狩鹿的猎场。公园的东北和东南角分别是一座小型凯旋门和威灵顿拱门，北侧则是著名的演说角，在这里经常有人做演讲。

英国推荐

⑤ 圣殿教堂

圣殿教堂是12世纪时圣殿骑士团在英国的总部。教堂分作大圆顶和长方形高坛，地上还有九座真人大小的骑士雕像石。在著名作家丹·布朗的《达·芬奇密码》中，这里也是重要的场景。

⑥ 斯旺西

斯旺西拥有漫长的海岸线、绿莹莹的海水、湛蓝的天空、棉花般的白云、一望无际的绿色草原，同时这里也是全英国首屈一指的"诗歌城"，一直都是追寻浪漫的诗人们神往的地方。

⑧ 格拉斯哥大教堂

建于1136年的格拉斯哥大教堂是为了纪念格拉斯哥的建立者圣芒戈而建，大教堂中间有7组石像，象征着"七宗罪"，这里收藏着世界各地的宗教艺术品，其中以圣约翰十字架最为著名。

⑦ 温德米尔湖

温德米尔湖是英格兰最大的湖泊，是英格兰和威尔士地区最大的国家公园。这里山清水秀，环境优美，是英国人避暑消夏的最佳去处。湖畔还有不少大大小小的村庄，里面的宁静和自然让从都市森林中走出来的人们感受到舒适的田园风情。

⑨ 巨人之路

位于爱尔兰岛最北端的安特里姆平原边缘岬角处的巨人之路是一条天然形成的道路，从峭壁顶部延伸到海底的巨人之路气势磅礴，沿着这条道路前进，可以看到汹涌澎湃的海浪敲击着坚固的岩石，溅起无数浪花。

⑩ 皇家天文台旧址

格林尼治皇家天文台最初负责在航海中测量经纬度，国际经度会议将其子午仪所在的经线定为0度经线，也被作本初子午线。同时天文台所在的时区也被定为0时区，格林尼治时间被作为标准时间所使用。

025

速度吃英国！
BRITAIN HOW
10大人气魅力平民餐馆

1. Axis

在伦敦颇为知名的Axis提供口味醇正的欧式料理，不仅就餐环境舒适，菜肴精致可口，而且在周末还推出Give me dinner & movies，令客人可以在享受晚餐后前往放映室欣赏电影。

2. Mr. Chow

由京剧大师周信芳之子Michael Chow经营的Mr. Chow餐厅内，白净的桌布、优质银器和侍者等西餐要素与中国菜相互融合，带给食客舒适的就餐享受，是一家在伦敦上流社会中颇受好评的中餐菜馆。

3. The Duke of Cambridge Organic Pub

The Duke of Cambridge Organic Pub是英国第一家有机认证酒吧，店内所有食材都是伦敦近郊的菜农供应，除了各种酒类，在这里还可以品尝到根据当天食材而制作的各式料理。

4. Zuma

Zuma由顶尖设计师杉本贵志设计，充满东方元素的前卫空间中洋溢着传统日式居酒屋的轻松氛围，被誉为伦敦最时髦的日式餐厅之一。除了精致的日式料理，Zuma的酒单上还有超过40种清酒、烧酎和鸡尾酒，其中的招牌Zuma Bellini鸡尾酒野草莓浆、香槟和清酒、金巴利酒，完美融合了东西方的不同元素。

英国推荐

⑤ Veeraswamy

开业于1926年的Veeraswamy是伦敦历史最久的印度菜餐厅,在这里除了传统的咖喱和带酱汁的印度料理外,还可以品尝到如酸奶和香料烟熏的烧烤等印度北方料理。

⑥ Racine

气氛愉悦安宁的Racine是伦敦一家纯正的法国餐馆,食客可以在这里品尝到饱满的生蚝、法国风干火腿配蛋黄酱、熏鸭沙拉、羊肉香肠、锅烧虾、蒜味墨鱼、小牛脑、小牛腰子、松鸡、鹌鹑、搭配芥末酱的兔肉、带骨髓的小牛肉、脆皮羊臀、猪腰肉片和牛排等法国美食,此外餐馆内还提供有香槟、勃艮第和波尔多产的各式葡萄酒。

⑧ Noura

Noura是一家传统的黎巴嫩餐厅,曾经被《Time Out》杂志评为伦敦最佳素食餐厅。在Noura餐厅内可以品尝到各种冷热前菜和主食,如荷兰芹洋葱柠檬沙拉、胡荽茄汁秋葵、蒜味煨蚕豆、埃及豆浓汤、炸羊肉饼、黎巴嫩香肠、牛肉与羊肉的沙威玛和炭烤羊肉串、香料沙萨等美味。

⑨ Pier One

英国最知名的街头小吃就是炸鱼和薯条,这道英国国民小吃也成了每一个来到英国的游客不可错过的美味之一,Pier One的炸鱼和薯条不仅美味可口,而且不爱油炸的人还可以在这里品尝烤鲑鱼。

⑩ Pret A Manger

美式风格装饰的Pret A Manger在伦敦开有超过100家连锁店,几乎在任何地都可以轻易找到一家Pret A Manger的连锁店,挑选一个美味可口的三明治,搭配果汁或咖啡,10分钟就可以解决肚子饿的问题。

⑦ 大碗面

位于格林尼治的大碗面餐厅名副其实,这里的面碗超大,而且面条料多味美,价格便宜,成为众多游客往格林尼治游览之余一饱口福的首选。

速度买英国！
BRITAIN HOW
10大买平货潮流地

① 牛津街

长约2公里的牛津街是伦敦西区著名的购物街，街道两侧的店面一字排开，汇集了超过300家大型商场，除了大型商场外还有很多价位各不相同的店铺，仔细寻找可以找到物美价廉的货品。

③ 邦德街

伦敦是举世闻名的购物中心，而邦德街被认为是其中最"酷"的一条，这条街上出售的时装和珠宝以独特的风格和创意受到全世界的关注，来自世界各地的知名品牌纷纷在这里展示它们最新和最具创意的产品。

② 伦敦中国城

伦敦中国城可以看到熟悉的中国传统街景，街两侧鳞次栉比的中国商店的招牌等全都用中文书写，这里能买到最新的中文杂志、报纸和中药等颇具中国特色的商品，此外还有不少亚洲其他国家的餐馆交杂其间。

④ 科文特加登广场

科文特加登广场原本是修道院的花园，后来被用作蔬菜市场，如今这里是一座充满了露天市集、街头小店、街头咖啡馆的休闲广场，沿街商店内可以买到各式各样的新奇商品。

5 帕普二手货服饰店

帕普二手货服饰店经营20世纪60、70年代那些色彩缤纷、颓废却又华丽、随性裁剪为特色的嬉皮风潮服饰，店中充满那个时代的奔放特征，甚至连1940年复刻版Levi's牛仔夹克也可以在这里找到，因而深受年轻人喜爱。

6 斯皮特尔费尔兹市集

斯皮特尔费尔兹市集最初是伦敦著名的蔬菜水果市场，现今则是一个独特的艺术品专卖市场。市集出售的物品种类繁多，既有日常生活中穿着的各种衣物，也有各种功用的普通用品，当然更少不了装饰用的艺术品。

7 砖块街

砖块街是伦敦著名的商业街，以出售各种价廉物美的商品而著称，无论是衣服、鞋袜还是家用电器，这里应有尽有，许多独特的手工艺品还是馈赠亲友的好选择。

8 摄政街

摄政街是时尚达人们的购物天堂，大街两侧白色波浪形构成的传统建筑内都是现代化的购物中心。这条街上名牌林立，从服饰界的阿玛尼到苹果专卖店，包含了各方面的知名品牌。

9 格林尼治市集

格林尼治市集早在19世纪就是著名的生鲜蔬菜批发市场，经过100多年的发展现今已经成为一处多样化的现代市场，一周中每天都会有不同的销售主题，有时候是二手衣服和饰品的市场，有时候又变成各种工艺品的天下。

10 老港区

历史悠久的老港区拥有多家现代化的商场和购物中心，各种知名服饰、彩妆保养品，以及家居生活的商家纷纷入驻，是一处适合假日逛街休闲的地方。

速度买英国!
BRITAIN HOW
特色伴手好礼带回家

① 足球周边

作为现代足球的发源地,英国拥有浓厚的足球文化。在英国,几乎每个城市、每个社区都有一支历史悠久的球队,购买自己心仪球队的周边商品也成为球迷在观光之余的一项重要任务。

② 陶瓷器

英国是欧洲生产陶瓷较早的国家,世界十大名瓷全在英国,其中最有名的如Wedgwood(威治伍德)瓷器,还是英国以及众多欧洲王室的御用瓷器。

③ 苏格兰格子裙

苏格兰格子裙是让外来游客最为好奇的,因为在苏格兰连男人都穿裙子,这古怪的习俗也使得格子裙成为最受欢迎的旅游纪念品之一。

④ 风笛

经常在各种聚会、仪式上出现的苏格兰风笛是苏格兰人的传统乐器,略带哀伤的声音也打动着每个游客的心。

英国推荐

⑤ 泰迪熊

泰迪熊是英国家喻户晓的玩偶，据说美国前总统罗斯福就是泰迪熊的收藏爱好者，这些可爱的小熊玩偶也成为众多游人的最爱。

⑥ 披头士周边

源自利物浦的披头士乐队早已成为一种文化标志，众多披头士乐队的周边商品则是披头士乐迷们的最爱。

⑦ 苏格兰威士忌

采用苏格兰高地的特殊水质和极为严格的酿造工艺制成的威士忌被誉为"液体黄金"，是最受游客欢迎的纪念品之一。

⑧ 烟斗

烟斗既是吸烟工具，又是艺术品，其间的线条和造型中蕴涵着无穷的智慧和乐趣，同时又带着浓浓的英国绅士味道。

⑨ 雪利酒

雪利酒深受英国人喜爱，并以其谐音Sherry命名，与威士忌一样是深受游客喜爱的纪念品。

⑩ 红茶

英国红茶在过去几百年里一直是英国人重要的饮料之一，英国贵族的下午茶更是形成一种独特的文化，也使得英国红茶成为游人首选的纪念品之一。

速度游英国！
BRITAIN HOW
6天5夜计划书

💛 清晨 到达英国

DAY 1

白天 伦敦

伦敦是大多数中国游人进入英国的第一站，作为英国首都的伦敦同时也是欧洲重要的金融中心，这座古老的城市拥有无数游人耳熟能详的建筑：气势磅礴的议会大厦与熠熠生辉的伦敦眼交相辉映，圣保罗大教堂的穹顶和特拉法加广场上纳尔逊勋爵的铜像遥遥相望，从声名鹊起的牛津街到烂漫温馨的诺丁山，从拥有无数珍贵藏品的大英博物馆到宏伟壮观的威斯敏斯特教堂，2000年的光阴与历史凝聚在伦敦这座宏伟的"雾都"之中。

夜晚 伦敦SOHO区

伦敦SOHO区早在18世纪中期就以小剧院和各种声色场所而闻名，现在则是伦敦知名的夜生活区，每到夜幕低垂，SOHO区就成了人们用餐、饮酒、欣赏脱口秀及反串秀的最佳去处。

DAY 2

白天 牛津→剑桥

早在1069年牛津就开始举行各种学术活动，创立于13世纪的牛津大学培养了诸多名人，游人在参观牛津大学之余，也可登上圣玛丽教堂的塔楼放眼四望，在典型的英国乡村风光中一览牛津城浓郁的教育氛围。与牛津齐名的剑桥拥有厚重的历史和显赫的学术地位，缓缓流淌的剑河两岸是一片茵茵绿草，赋予了剑河无与伦比的永恒和宁静。同时，剑桥也是一座活跃的商贸城市，有相当多的创意设计店和新潮咖啡店。此外，剑桥国王学院的唱诗班和礼堂无可匹敌，它们是英国观光无可争议的亮点。

夜晚 老鹰酒吧

早在15世纪就已开业的老鹰酒吧是剑桥当地人最常去的休闲酒吧之一,在这里不仅可以静静地喝上一杯啤酒,还可以调到众多世界知名的学者与专家,而酒吧门口的牌子上则写着著名的科学家弗朗西斯·克里克和詹姆斯·沃森,他们曾于1953年在这里宣布了DNA双螺旋结构的发现。

DAY 3

白天 约克 → 利兹

在产业革命时代,利兹曾经是英国繁荣的纺织工业重地,现今的利兹从20世纪80年代开始逐渐转型成为座新的金融中心,过去空旷的厂房和仓库等旧建筑物被重新改建成购物街,吸引了众多游人到访。

由罗马人修建的约克是英国北部首府,现今已有2000余年历史,乘船在流经约克市中心的乌斯河上畅游,可以欣赏到散落在河畔的旧市区建筑,其中包括约克标志之一的约克大教堂。在四周被中世纪城墙包围的约克市区内漫步,可以随时看到路边木结构的老建筑,与保存完好的古街道一同弥漫着罗马时代和中世纪的气氛。

夜晚 约克古建筑

历史悠久的约克古建筑众多,游人在这里可以进行一项有趣的游戏,每到夜幕低垂,游客到集合处等候那位一身黑衣的寻鬼人出现,然后在他的带领下,寻访古城里那些传说中鬼魅出没的地方,并听几个吓人的鬼故事。

英国推荐

DAY 4

白天 尼斯湖 → 格拉斯哥

尼斯湖位于英国苏格兰高原北部的大峡谷中，除了世界闻名的水怪传说外，尼斯湖畔诗情画意的迷人风光也吸引了众多游人在这里度假观光。格拉斯哥是苏格兰地区最大的城市，市中心就在以造船厂闻名的克莱德河北岸。格拉斯哥拥有英国最优秀的大都市艺术展览馆和博物馆，市内最具特色的维多利亚式古老建筑及大美术馆、博物馆和新潮艺术建筑吸引着世界各国的游客，大街小巷都是酒吧，是融古老于现代的经典城市之一。

夜晚 格拉斯哥市

格拉斯哥市充溢着艺术和文化气息，拥有英国最好的俱乐部和酒馆，大街小巷随处都可以看到各式各样的酒吧，游览之余可以在酒吧中小酌片刻，感受格拉斯哥当地的夜生活。

DAY 5

白天 曼彻斯特→利物浦

仿古典式的天主教大教堂、沃卡美术馆等是利物浦有名的观光胜地。

夜晚 布莱克普尔

利物浦北部爱尔兰海岸上的布莱克普尔是一处风景优美、海滩宽阔而松软的海滨休养地，夜晚这里的灯光璀璨迷人，是利物浦颇为知名的一大景观。

曼彻斯特曾是工业革命的开路先锋，被誉为"世界工厂"，现今的曼彻斯特是英国第二大繁华都市，艾伯特广场是曼彻斯特的城市中心，毗邻的布里奇沃特音乐大厅棱角分明，1858年由查尔斯·哈雷创办的哈雷乐团就是在这里成名。对全世界数千万的曼联球迷来说，老特拉福德的曼联队主场是他们心中的"梦剧场"，每逢曼联的主场比赛都会有超过7万人聚集在这里，尽情释放着他们的激情。

港口城市利物浦在19世纪曾是英国重要的贸易港口之一，20世纪60年代则因为披头士乐队的成功而被全世界的人们所关注，现今的利物浦是理想的旅游地，新古典主义式的建筑物圣乔治大教堂、18世纪建造的市政府、新哥特式的清真寺、

DAY 6

白天 伦敦

除了历史悠久的古建筑与博物馆外，古老的伦敦同时还拥有时尚现代的一面，英航伦敦眼、伦敦市政厅等标新立异的建筑都展现出伦敦的现代风情。摄政街、牛津街和邦德广场等世界闻名的购物区上林立着众多品牌商店和历史悠久的老字号店铺，是离开之前大采购的绝佳选择。

夜晚 起程踏上归途。

英国
攻略HOW

Part.1 伦敦·白金汉宫

　　白金汉宫所在的伦敦威斯敏斯特地区汇集了众多历史悠久的古迹，由于王室居住在这里，因此周围的景点多与英国王室相关。

伦敦·白金汉宫 特别看点！

英国攻略

伦敦·白金汉宫

第1名！
白金汉宫！
100分！

★ 华丽的英国王宫，英国最雄伟的建筑！

第2名！
威斯敏斯特教堂！
90分！

★ 国家级圣公会大教堂，英国哥特式建筑典范！

第3名！
大本钟！
75分！

★ 伦敦的著名地标，倾听悠扬的钟声！

01 白金汉宫 (100分！)
英国王宫 ★★★★★

位于圣詹姆斯宫和维多利亚火车站之间的白金汉宫是白金汉公爵在1703年所建，1761年由英王乔治三世购得，作为王后的住宅，称为女王宫。1825年，英王乔治四世加以重建，作为王宫。从1837年起，英国历代国王都居住在这里，而维多利亚女王则是居住在这里的第一位君主。

白金汉宫是一所19世纪前期的豪华式风格建筑，庞大的规模甚至比华丽的外表更加引人注目，正门上悬挂着庄严的王室徽章，宫殿前面的广场上有很多雕像，以及由爱德华七世扩建完成的维多利亚女王纪念堂。白金汉宫内有典礼厅、音乐厅、宴会厅、画廊等600余间厅室，此外，占地辽阔的御花园花团锦簇，美不胜收。王宫由身着礼服的皇家卫队守卫。王

宫西侧为宫内正房，其中最大的有"皇室舞厅"，建于1850年，是专为维多利亚女王修建。厅内悬挂有巨型水晶吊灯。蓝色客厅被视为宫内最雅致的房间，摆有为拿破仑一世制作的"指挥桌"。白色客厅是用白、金两色装饰而成，室内有精致的家具和豪华的地毯，大多是英、法工匠制造的艺术品。御座室内挂有水晶吊灯，四周墙壁顶端绘有18世纪攻城战争的情景。室内还保存了维多利亚女王的加冕御座和英王乔治四世加冕时使用的四张大座椅。宫内音乐室的房顶呈圆形，用象牙和黄金装饰而成。

> **Tips**
> 🏠 Buckingham Palace, London SW1A 1AA
> ☎ 017-1799-2331　¥ 12.5英镑，皇家马厩也对外开放，门票5.5英镑　🕐 8月至9月9:30-16:30。皇家马厩11:00-16:00　🚇 乘地铁至St. James's Park站或Victoria站，位于购物广场的西南角

英国攻略

伦敦·白金汉宫

02 Sweetings
伦敦地标式海鲜餐厅　　　　★★★★ 吃

开业于1830年的Sweetings迁至现址已有100余年，深受伦敦食客好评，是被誉为伦敦地标的老字号海鲜餐厅。每天中午都有食客专程来到这里排队等候，品尝这里新鲜的鱼类及虾蟹贝类料理，此外还有鱼肉派、烤果酱卷和传统糖浆布丁等美味，桌上用银杯装盛的黑啤酒和苦啤酒，以及白葡萄酒和香槟任君选择，是游人在伦敦品尝美味海鲜料理的绝佳去处。

> **Tips**
> 🏠 39 Queen Victoria Street, London EC4N 4SA　☎ 020-7248-3062　🕐 周一至周五11:30—15:00　🚇 乘地铁黄色Circle线、绿色District线至Mansion House站，出站后步行10分钟即达

039

03 皇家马厩

饲养王室专用马匹

皇家马厩位于白金汉宫南侧，这里专门为英国王室饲养拉马车用的马匹，其中高档的马匹甚至还用专门的马厩圈养，条件十分优越。不过这里最吸引人眼球的还是那100多辆英国王室专用的马车，女王使用的黄金马车是其中的佼佼者。这辆黄金马车需要八匹马拉动，车身装饰均是纯金，车内还设有空调，在女王登基50周年、查尔斯王子结婚等庆典上均有出场。

Tips

📍 Buckingham Palace, 7 Buckingham Palace Rd. Victoria, London SW1W 0SR, United Kingdom ☎ 020-7766-7302 🚇 乘地铁青色Victoria线、黄色Circle线、绿色District线在Victoria站往Terminus Place方向出站

04 Burberry工厂直销店

亚洲购物狂的秘密朝圣地

Tips

📍 29-53 Chatham Place, London E9 6LP ☎ 020-8985-3344 🕐 周一至周五11:00—18:00，周六10:00—17:00，周日11:00—17:00 🚇 在地铁Euston站外的公交车站牌D乘30路公交车至Morning Lane站，下车即达；乘地铁青色Victoria线至Highbury&Islington站，转乘National Rail至Hackney Central站，出站后步行10分钟也可到达

在东亚，Burberry对时尚人群具有超凡的吸引力，而外观宛若大仓库的Burberry工厂直销店对这些人来说就宛如一处秘密朝圣地。在这里没有奢华典雅的装饰和成排的更衣室，人们需要在大堆的过季货中挑拣自己中意的款式，虽然箱包较少，但围巾、毛衣、Polo衫、衬衫、风衣、外套、裙子、鞋类、童装、泳衣、眼镜、钱包和长裤等还是品类繁多，低至两折的折扣更是令这些Burberry的粉丝大呼过瘾，一头扎入其中而不能自拔。

05 圣詹姆斯公园

英国最古老的皇家公园之一

圣詹姆斯公园位于白金汉宫对面，据说圣詹姆斯公园原本是圣詹姆斯宫的鹿园，17世纪时理查二世聘请法国设计师造景，19世纪初又被英国设计师进一步美化，是英国最古老的皇家公园之一。

公园中的水鸟保护区内水鸟种类繁多，包括天鹅、鹈鹕、鹅、雁和各种鸭子，是赏鸟人士的好去处。公园内非常优美，有草地、小井、树林和湖水，公园内栽植的花十分自然，成簇成丛。人们漫步其间，都会被奇巧的山石所吸引；鸟语花香，使人心神闲散，乐于久留。如果时间充足的话，在公园餐厅悠闲地享用下午茶是一个不错的选择。

Tips

📍 Horse Guards Road. London SW1A 2BJ ☎ 020-7930-1793 ¥ 免费 🕐 5:00—24:00 🚇 乘地铁至St. James's Park，出站即达

06 禁卫军博物馆
了解皇家卫队的一切 ★★★★ 赏

禁卫军博物馆正对着圣詹姆斯公园，是人们了解英国军事历史的好去处。这里陈列着英国从内战时期开始直到现在的皇家卫队的制服，并且详细介绍了皇家卫队在各个时期的不同职责以及在各项典礼中的礼仪规程，将皇家卫队在英国历史上的重要作用全面展示了出来。

Tips
🏠 Birdcage Walk 🚇 乘地铁District线、Circle线在圣詹姆斯公园站出站 ☎ 020-7414-3271
💰 3英镑

07 威斯敏斯特教堂 90分！
英国国王加冕的圣堂 ★★★★★ 赏

Tips
🏠 Westminster,London SW1P 3DG ☎ 020-7222-5152 💰 成人10英镑、学生7英镑 🕐 大厅与回廊：8:00—18:00；内厅：周一至周五9:20—16:45，周六9:20—16:45、15:45—17:45 🚇 乘坐地铁至Westminster站，出站后向西步行即达

始建于1065年的威斯敏斯特教堂全称为威斯敏斯特圣彼得牧师团教堂，直至1745年，前后历经700年修建的教堂才大致完工。自从1066年征服者威廉在这座教堂内加冕以来，威斯敏斯特教堂一直是历代英国国王举行加冕仪式的场所。同时，在近千年的历史中，教堂内还安葬了乔叟、达尔文、牛顿和丘吉尔等英国历史名人。威斯敏斯特教堂的主体建筑为十字架形，屏风的东面是唱诗席，每日的祈祷仪式上，在这里咏唱赞颂上帝的荣耀。圣餐台是基督徒举行耶稣之死和复活的感恩仪式后分享面包和酒的地方。教堂内最吸引游人的就是众多历史名人的陵墓和纪念碑，游览一圈就可令人对英国历史拥有更深刻的认识。

伦敦·白金汉宫

08 圣玛格丽特教堂

● ● ● 伦敦上流社会热门的结婚场所　　★★★★★ 赏

毗邻威斯敏斯特教堂的圣玛格丽特教堂具有直角的哥特式风格,是一座小型的中世纪教堂,它从11世纪以来就是王室权力的象征,是伦敦上流社会热门的结婚场所。教堂外观优雅庄严,内部装饰得美妙绝伦,鲜亮的彩绘玻璃历史悠久,是为亨利八世兄长亚瑟订婚所制作的,为这个小巧的教堂增添了浪漫色彩。

Tips
🏠 St. Margarets Church/Lothbury, London EC2R7HH ☎ 020-7606-8330

09 议会大厦

● ● ● 英国议会使用的大厦　　★★★★★ 赏

议会大厦毗邻泰晤士河,是现今英国的政治中心。大厦占地3万平方米,是世界上最大的哥特式建筑。早在16世纪英国开始议会政治时,这里就是议会所在地。大楼正中的中央大厅平面为八角形,中央还有一个巨大的穹顶,从这里可以分别通往上下两院。此外,这里钟楼上的大本钟是英国最著名的大钟之一。

Tips
🏠 Palace of Westminster, London SW1A 0AA, United Kingdom 🚇 乘地铁在Houses of Parliament站出站 ☎ 020-7219-3000 ¥ 12英镑

10 大本钟
伦敦地标之一　　★★★★★　赏

位于国会大厦北端的大本钟是国会大厦的钟塔，由于钟塔由负责工务的专员本杰明霍尔监制，因而得名"大本"，现今这座高约79米的钟楼已经成为伦敦市的标志以及英国的象征。巨大华丽的大本钟四面各有直径为6.7米的圆盘，用312块乳白色玻璃拼镶，数十公斤重的时针长2.7米，分针长4.27米，摆重约305公斤，总重21吨多。据说大本钟最初上弦的时候需要由健壮的成年男性连续用脚蹬踏8小时，并有人负责用钢锤击响大钟报时。1913年大钟改为电动上弦，10年后的1923年改由英国广播公司播送钟声。现今，使用了一个半世纪的大本钟依旧精准，钟声清晰动听，成为来自世界各地的游人在伦敦必游的景点之一。

Tips
📍 Bridge Street, Westminster, London SW1A 2　☎ 020-7219-3000　¥ 免费　🕐 每周一、周二、周四14:30—22:00，周三10:00—14:30，周五9:30—15:00　🚇 乘地铁至Westminster站，出站即达

11 威斯敏斯特天主教堂
威斯敏斯特主教的座堂　　★★★★★　赏

威斯敏斯特天主教堂从名字上容易和著名的威斯敏斯特教堂相混淆。这里实际上是威斯敏斯特教区主教的座堂，是英国最大的天主教堂之一。这座教堂建筑为拜占庭风格，通体由红砖砌成，其高83米的大钟楼和内部精致的壁画是这里的两大看点。英国女王伊丽莎白二世也曾来到这里参观，成为英国历史上第一位观看了天主教仪式的在位君主。

Tips
📍 Clergy House, 42 Francis Street, London SW1P 1QW, United Kingdom　☎ 020-7798-9055

英国攻略　伦敦·白金汉宫

12 牛津街

欧洲最繁忙的街道 ★★★★★ 逛

Tips
- Oxford Circus, London
- 全天开放
- 乘地铁至Marble Arch站，出站即达

牛津街是伦敦重要的购物街，长2000多米的街道两旁布满了18世纪末期的精美建筑，超过300家的世界品牌店及大型商场云集于此，Nike Town、Topshop、Gap、H&M的大型旗舰店，Zara、MNG、Kookai、Next、无印良品等拥有大批粉丝的大众时尚品牌店都可以在这里寻觅到。此外，牛津街还有大量面向年轻人的店铺，各种轻松风格的服饰吸引了众多年轻人在假日期间来到这里逛街购物，是了解伦敦最前卫时尚潮流的风向标。

13 赛弗里奇

英国第二大百货商场 ★★★★ 买

Tips
- 400 Oxford Street, London W1A 2LR
- 080-0123-4001
- 周四9:30—21:00，周日11:30—18:00
- 乘地铁红色Central、灰色Jubilee线至Bond Street站，出站后向Oxford Street步行约2分钟即达

位于牛津街的赛弗里奇商场开业于1909年，是一幢高7层的建筑，商场内高挑的大厅给人以华贵典雅的感觉，地下一层主要贩卖音乐唱片、图书、家居饰品；一层经营名牌珠宝和香水、皮包；二层经营各式男士名品；三层是女士名品；四层是女装、睡衣、泳装和童装；五层则是各式家具和大型餐厅等。每年圣诞和夏季打折时，赛弗里奇商场的门外都会排起长队，其中商场一层的GUCCI、LV等名品专柜更是人们竞相抢购的目标。

14 约翰·刘易斯百货

英国人最喜爱的百货公司 ★★★★

开业于1864年的约翰·刘易斯百货以"同样商品最低价"的经营策略和品类繁多的优质商品深受百姓欢迎,曾被消费评比杂志《Which?》评为英国人最喜爱的百货公司。拥有百余年历史的约翰·刘易斯百货地处繁华的牛津街,以透明电梯相连的7个不同楼层被分成20个经营部门,拥有包括化妆保养品、服饰、玩具、家具、家饰、家电、灯具、旅行箱等超过35万种商品。在购物之余,游人还可以在商场5层的Place To Eat餐厅小憩片刻,一边享受美食一边欣赏窗外的伦敦街景。

Tips
Oxford Street,London W1A 1EX 020-7629-7711 周四9:30—20:00,周日12:00—18:00,平日9:30—19:30 乘地铁红色Central线、灰色Jubilee线至Oxford Street站4号出口,出站后步行约5分钟即达

英国攻略 · 伦敦·白金汉宫

15 玛莎百货

英国家喻户晓的商家 ★★★★ 买

Tips
458 Oxford Street,London W1C 1AP 020-7935-7954 周一至周五9:00—21:00,周六9:00—20:00,周日12:00—18:00 乘地铁红色Central线、灰色Jubilee线至Oxford Street站,出站后向西步行约5分钟即达

1894年创立的玛莎百货是英国家喻户晓的服饰零售业者,此外还有大量连锁超市只经营玛莎自家品牌的产品。在玛莎百货内经营的服饰质量优良,普遍受到英国大众的信赖。其中最受欢迎的内衣裤与各色绒羊毛衣都久负盛名,2001年推出的Per Una系列服饰则倾向于年轻顾客,此外还有众多新婚礼服和配饰,以及鞋类、家居用品等都可以在牛津街这家玛莎百货旗舰店寻觅到。

045

16 斯皮特菲尔德市场
另类寻宝的好去处 ★★★★

Tips
🏠 Brushfield Street,London E1　☎ 020-7247-8556　🕐 周一至周五10:00—16:00，周日9:00—17:00　🚇 乘地铁红色Central线、灰色Jubilee线至Oxford Street站，出站后向西步行约5分钟即达

斯皮特菲尔德市场建于1887年，其前身原为一处蔬菜水果批发市场，西半部分的现代化复合式商场则是在20世纪末才规划建成，东半部分的老建筑则是20世纪90年代批发市场迁走后当地居民力主留下的带屋顶的大市场，并逐渐改变为一处创意市集，各种设计新颖的服饰和家居用品都可以在这里寻觅到，带给人们假日另类寻宝的乐趣。

17 伦敦眼
千禧年的地标建筑 ★★★★★

于1999年年底开幕的伦敦眼又称"千禧之轮"，是伦敦最吸引游人的观光点，还曾一度是世界上最大的观景摩天轮，是伦敦的地标。它被誉为数学上的奇迹，工程师透露，建造这座摩天轮所需的电脑计算能力，超过世界上最大、最复杂的建筑。

坐落在伦敦泰晤士河畔的伦敦眼是为了庆祝公元2000年而兴建的，原定5年后拆卸。不过它极受英国人和游客的欢迎，伦敦市议会于是决定长期保留它。伦敦眼共设有32个乘坐舱，全部设有空调，且不能打开窗子。每个乘坐舱可以乘载游客约15名，转一圈需要30分钟左右，带有明显的娱乐场气息，曾有人建议赋予摩天轮一些象征意义，如"生命的轮转"、座舱"象征光阴本身的每分每秒"等。在夜间的时候，它便幻化成了一个巨大的蓝色光环，为泰晤士河大大增加了梦幻气息。

Tips
🏠 Riverside Bldg,County Hall,Westminster Bridge Rd,London SE1 7PB　☎ 087-0990-8881　💰 基本票：成人15.5英镑，儿童7.75英镑，语音导览器2.7英镑；香槟套票：门票+1杯香槟酒，票价33英镑，第二杯香槟10英镑，语音导览免费；快速通道：无需排队，在出发前15分钟到达即可，票价25英镑；私人包厢：430英镑，最多25人；也可举办茶会或酒会，费用750~1200英镑　🕐 10月至次年4月10:00—20:00；5月至6月及9月10:00—21:00；7月至8月10:00—21:30；售票处每天9:30开始售票，提前30分钟结束售票。圣诞节及1月9日至15日休息，圣诞节前夜17:30关闭，新年夜15:00关闭　🚇 乘地铁至Waterloo站下，出站即达

18 萨奇画廊
欣赏"新艺术"的私人画廊 ★★★★

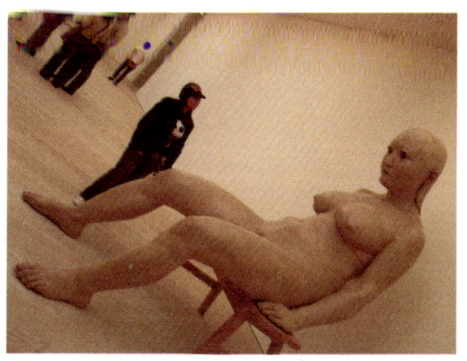

萨奇画廊的创始人查尔斯·萨奇是知名广告公司Saatchi & Saatchi的创始人之一，由于查尔斯·萨奇对收藏与艺术品交易相当狂热，其看好的年轻艺术家也大多在日后成名。20世纪90年代，萨奇更是造就了Damien·Hirst、Chapman兄弟、Sarah·Lucas与Tracey·Emin等年轻艺术家，从而形成了一个被称为Young British Artists的年轻艺术家时代，并奠定了萨奇本人在英国艺术界的影响力。萨奇曾于1985年在伦敦Boundary开设了第一家画廊，之后在1997年皇家艺术学院规划了名为Sensation的展览，并于2004年将画廊迁至毗邻伦敦眼的旧伦敦郡府，之后又迁往切尔西区，并与当代艺术拍卖公司Phillips de Pury&Company合作，成为游人欣赏新艺术的一处绝佳地方。

Tips
- Duke of York's HQ,Sloane Square,London SW3 4RY　020-7823-2363　免费　10:00—22:00
- 乘黄色Circle线、绿色District线至Sloane Square站，出站后沿小路走到King's Road，后直行5分钟左右即达

19 泰晤士河
英国最长的河流 ★★★★★

从西部流入伦敦市区的泰晤士河是英国最长的河流，最后经诺尔岛注入北海，泰晤士河在塞尔特语中意为"宽河"，从古至今，泰晤士河都是历代诗人墨客引用歌颂的对象。泰晤士河流经伦敦时河畔两岸林立着各式各样历史悠久的古老建筑，沿河共有桥梁27座，其中滑铁卢桥、威斯敏斯特桥和兰勃士桥最为壮观。夜晚的时候，沿河路灯齐明，点点灯光与水波相映，时碎时聚，使人顿感伦敦难得的悠闲。

Tips
- 威斯敏斯特码头、滑铁卢码头等主要码头

英国攻略　伦敦·白金汉宫

20 汉普顿宫

● ● ● 英国的凡尔赛宫

★★★★ 赏

Tips

🏛 Hampton Court Palace Surrey London KT8 🕘 4月至10月9:30—18:00,周一10:15—18:00;10月至次年3月9:30—16:30 🚌 乘111、216、411、416、451、461、513、727、R68路公交车;乘地铁至Vauxhall或Wimbledon;从汉普顿宫乘火车约2分钟

汉普顿宫位于英国泰晤士河上游河畔,有英国的"凡尔赛宫"之称,建于1515年,是英国铎式土宫的典范。王宫内部有1280间房间,是当时全国最华丽的建筑。汉普顿宫经历了多次的改建和重修,到现在已不作为王宫,而是成为了英国对外开放的一个著名景点。

国家套房是王宫中最华丽的建筑,里面有意大利画家手绘的宗教画和肖像画。古色古香的西式豪华家具充满了宫廷的气息。啤酒窖、红酒窖每年酿有60余万瓶各类酒品,而且用的是花园里自己种的葡萄。最令人心旷神怡的是宫廷周围的花园,万紫千红、春色满园、令人心醉,似乎是巴黎凡尔赛宫后花园的翻版。色彩艳丽的各色鲜花被拼成一块块整齐的图形,有小的天使雕塑立在花丛边。园内还有一个英国式迷宫,十分有趣。

汉普顿宫对游人的致命诱惑并不只在于它的奢华,据说里面还有个幽灵走廊,到了晚上可以听到早已被亨利八世杀害的爱德华王后的脚步声,听起来都让人毛骨悚然。

21 格林威治市集
●●● 热闹的街道市集　　★★★★

格林威治市集所在的地区在19世纪曾经是生鲜批发市场，1985年当地开始引进艺术与工业市集，经过20余年的发展，逐渐形成不同主题的市集，并成为当地的经营重心，吸引了众多游人慕名而来。格林威治市集以每天有不同主题而闻名，例如周四的古董市集上可以买到包括海报、明信片、陶瓷、珠宝、书画、相机和乐器等的商品；周五的市集以二手服饰和工艺品为焦点，也有一些古董摊位；周末、假日时则会有超过100个工艺品摊位和众多饮食摊位，令人不由得驻足停步，融入周围热闹的市集之中。

📍 Greenwich Market, London SE10 9HZ
☎ 020-8293-3110　🕐 周四6:30—17:30，周五至周日9:30—17:30，周一至周三休息　🚇 乘地铁至Cutty Sark for Maritime Greenwich站，出站后步行约5分钟即达

22 Trafalgar Tavern
●●● 复古风情的河畔美味　　★★★★

开业于1837年的Trafalgar Tavern位于泰晤士河畔，19世纪时，这里因河中现抓现做的炸小鲱鱼曾在伦敦十分有名，小说家狄更斯、萨克雷等当年的文人以及

政治人物都曾经是Trafalgar Tavern的常客。1915年，Trafalgar Tavern转型成为俱乐部，并在1950年改为时政风格重新开张，店内装饰了老照片和画作，食客可以在临窗的座位欣赏河畔的风景。每到周末，店门外尼尔森将军的铜像旁都坐满了人，品尝着炸小鲱鱼、薯条、炸鱼、土豆泥和香肠等。

📍 6 Park Row, London SE10 9NW　☎ 020-8858 2909　🕐 周一至周四12:00—23:00，周五至周六12:00—24:00，周日12:00—22:30　🚇 乘地铁至Cutty Sark for Maritime Greenwich站，出站后步行10分钟即达

英国攻略　伦敦·白金汉宫

英国攻略HOW

Part.2
伦敦·特拉法尔加广场

　　四面都邻接伦敦闹市的特拉法尔加广场是伦敦市中心最著名的一个广场，广场中央立有纪念英国海军将军纳尔逊的石柱。这座可容纳5万人集会的广场经常举办各种活动，圣诞节还会摆放挪威赠送的大型圣诞树。

伦敦·特拉法尔加广场 特别看点!

第1名!
特拉法尔加广场!

100分!
★ 为了纪念海战胜利而建的广场,伦敦最著名的广场!

第2名!
唐宁街10号!
90分!

★ 首都官邸,英国政治的核心!

第3名!
莱斯特广场!

75分!
★ 看众多名人的雕像,伦敦西区的娱乐中心!

---

01 特拉法尔加广场 (100分!)
英国著名的广场 ★★★★ 逛

特拉法尔加广场是英国著名的广场,位于伦敦市中心,东面是伦敦城,北接伦敦的闹市SOHO区,南邻白厅大街,西南不远是王宫,适中的地理位置使它成为游伦敦的起点。

特拉法尔加广场是为纪念著名的特拉法尔加港海战而修建的。法国拿破仑执政后,在1804年5月迫使西班牙一同渡海进攻英国。1805年10月21日,英国海军上将纳尔逊指挥的英国舰队与法国、西班牙联合舰队,在西班牙的特拉法尔加港海面上遭遇。英国舰队以少胜多,使法、西舰队在这场海战中惨败。但不幸的是,当海战胜利结束时,纳尔逊上将却因中了法国炮舰"恐怖号"的流弹而牺牲。为了纪念这位为大英帝国立下不朽功勋的海军上

Tips

🏙 伦敦威斯敏斯特区　💴 免费　🕐 全天　🚇 乘地铁至 Charing Cross 站，下车即可

将，每年10月21日，总有许多人到特拉法尔加广场举行悼念仪式。

在广场中心，竖立着一座圆柱形纪念碑，石柱上端挺立着约5.3米高的纳尔逊全身铜像。石柱底下是高大的方形石座和多层台阶，石座的四壁镶着纳尔逊生平所指挥的4场著名战役的铜雕，最低一层台阶的四角，安放着4只大铜狮子。纳尔逊的铜塑雕像据说是用海战中缴获的铜炮制成的。特拉法尔加广场是英国人举行政治集会和示威游行的地方。而每年的圣诞夜，广场上又充满节日气氛，人们在两个大喷水池旁唱歌跳舞，彻夜不归。特拉法尔加广场以鸽子多而著称，因此又称为是"鸽子广场"。在纳尔逊圆柱形纪念碑四周，鸽子成群，成为广场一景。

02 波特贝罗路市集

● ● ●　热闹的市集　★★★★　

每到周六，波特贝罗路都会人潮汹涌，这里拥有数个相连的市集，最南端的古董商店街尤其出名，沿街的商家将房子涂成五颜六色的鲜艳色彩，颇为引人注目；北端的蔬果食物市场则供应各种新鲜农产品、奶酪和街头小吃；最北端则是成衣与服饰市场，各种价廉物美的流行服饰摊位和马路两侧的连锁店吸引了众多年轻人来光顾，而铁路高架桥与Cambridge Gardens之间还有波特贝罗路商场和二手服饰市场，是一处颇为繁华热闹的城市市场。

Tips

🏙 Market Office, 72 Tavistock Road, London W11 1AD　☎ 020-7727-7684　🕐 周一至周三、周五、周六8:00—18:30，周四8:00—13:00，周日休息　🚇 乘地铁至Notting Hill Gate站B出口，出站后步行10分钟即达

英国攻略　伦敦·特拉法尔加广场

03 波特贝罗路古董商店街
颜色鲜艳的古董市场 ★★★★ 买

> **Tips**
> 🏠 Antique Dealers Association,223a Portobello Road,London W11 1LU ☎ 020-7229-8354 🕐 周六5:30—16:30 🚇 乘地铁至Notting Hill Gate站B出口，出站后步行10分钟即达

位于波特贝罗路最南端的古董商店街上，沿街林立着众多将房子涂上各种鲜艳色彩的古董商店，在这里可以寻觅到维多利亚时代的衬裙、皮草、玩具、首饰、钟表、香水、油画、钱币、花瓶、家具和灯饰等品类繁多的古董。虽然伦敦当地的古董公会规定古董商不可随意为商品开价，不过这些商铺内的商品全都有详尽的制造年代、材质、制造者的说明，并标注了修补的地方，优良的信誉吸引了来自世界各地的游客与收藏家，在这里寻觅自己感兴趣的藏品。

04 圣马丁教堂
特拉法尔加广场最古老的建筑 ★★★★ 赏

位于特拉法尔加广场东北角的圣马丁教堂建于1726年，但其历史最早可追溯至13世纪，是特拉法尔加广场最古老的建筑之一。外观宏伟的圣马丁教堂拥有一座56米高的尖塔，曾在"二战"期间作为防德国空军轰炸的庇护所而闻名。1864年秋天，马克思领导的第一国际成立大会也在圣马丁教堂举行。1957年在教堂成立的圣马丁乐团更是录制了大量巴洛克和古典音乐唱片，深受音乐爱好者喜爱。现今，圣马丁教堂是白金汉宫教区教堂，东头有皇家专用房间。

> **Tips**
> 🏠 Westminster, London WC2H ￥ 免费 🕐 每周四11:30游客可参加教堂组织的参观团，有专人讲解 🚌 乘3、6、9、11、12、13、15、23、24路公交车，乘地铁至Charing cross或Leicester square站下可达

英国攻略　伦敦·特拉法尔加广场

05 国家美术馆
美术品的圣殿 ★★★★ 赏

成立于1824年的英国国家美术馆又称为伦敦国家美术馆，美术馆最初开放的时候只有38幅画作，经过漫长的时间陆续拓展为现在以绘画收藏为主的国家级美术馆。

国家美术馆分为东南西北四个侧翼，所有作品按照年代顺序展出。西翼展出的是1510—1600年文艺复兴全盛时期意大利和日耳曼的绘画；北翼收藏有1600—1700年的绘画，集中展示荷兰、意大利、法国和西班牙的绘画，其中有两间林布兰的专属展室，以及Diego Velazquez的维纳斯油画；东翼1700—1900年的绘画包含了威尼斯、法国和英国的作品，风景画是一大特色，也有浪漫派和印象派等的许多佳作。

美术馆以免费的方式向大众开放，但偶尔也有要收费的特展。由于大部分时间不需要门票，所以这里经常是人山人海，所有学西画的画家到伦敦最幸福的事情，便是整天地泡在美术馆中。

> **Tips**
> 🏠 Trafalgar Square, London WC2N 5DN
> ☎ 020-7845-4600　¥ 免费　🕙 10:00—18:00，周三延长至21:00　🚌 乘3、12、24、29、53、88、159、176路公交车直达；乘电车至Charing Cross Station站；乘地铁至Charing Cross and Leicester Square站亦可到达

055

06 海军拱门
白金汉宫的正门 ★★★★ 赏

海军拱门矗立于特拉法尔加广场西侧,是通往白金汉宫的必经之路。最初是为了纪念维多利亚女王而建,后来这里成了皇家海军的司令部,因此这里也被称作海军拱门。这座建筑完全由白色的石料砌成,造型呈优美的弧形,中间三座拱门洞开,显得气势恢弘。不过最中间的拱门平时是不打开的,只有外国领导人或贵宾来访才会打开。

Tips
🏠 The Mall

07 皇家骑兵卫队总部
英姿勃发的皇家骑兵 ★★★★ 赏

皇家骑兵卫队总部位于唐宁街10号首相官邸附近,这里最大的特色就是终年有一位身着盔甲、手持马刀、骑着白色骏马的标准骑兵在这里守卫,也是无数游人争相合影的目标。总部大楼的建筑是传统的诺曼风格,显得坚实而厚重。穿过总部大楼就会来到皇家骑兵队广场,在这里通常都会进行骑兵换岗仪式以及女王检阅部队等活动。

Tips
🏠 Whitehall ☎ 020-6866-3344

08 国宴厅
第一座古典主义建筑 ★★★★ 赏

建于1622年的国宴厅是原来规模宏大的白厅宫的一部分,是英国建筑史上第一座古典主义建筑。建筑分为三层,全白色的外表让这里显得优雅华贵。走进大厅可以看到这里的二三两楼其实是连通的,多用爱奥尼克式及科林斯式石柱作为装饰。在大厅的天花板上还能看到很多精美的壁画,旧时王宫的皇家气势尽显无遗。在国宴厅发生过很多重要的历史事件,英王查理一世就是在国宴厅前被推上断头台的。

Tips
🏠 Whitehall Palace ☎ 020-7930-4179
¥ 4.5英镑

09 阵亡将士纪念碑

● ● ● 纪念"二战"阵亡将士　　★★★★ 赏

阵亡将士纪念碑位于白厅大道的路中央，是为了纪念在第二次世界大战中牺牲的英军将士而建，纪念碑是用整块岩石雕成，并未加上很多修饰，仅在碑两侧刻上了两个花环，显得简朴而凝重。到每年的"二战"胜利纪念日时，这里都会举行盛大的仪式来纪念那些为了保卫人类和平而献出生命的伟大战士。

Tips
 白厅大道中段

10 唐宁茶

● ● ● 英国茶的代名词　　★★★★ 买

Tips

216 The Strand,London WC2R 1AP
020-7353-3511　周一至周五9:30—16:45
乘地铁至Temple站，出站后步行5分钟即达

开业于1706年的唐宁茶拥有300余年历史，在伦敦早已成为"英国茶"的代名词，在唐宁茶的门楣上有一对背对背  坐着、身穿清朝服饰的中国人偶。进入店内可以看到店主人展示的各式茶叶、茶包、花草茶、冰茶，甚至还有咖啡和饼干，此外还有茶杯、茶壶、马克杯等各种茶具，有些还被设计成装饰精美的礼盒。即使不买茶，游人也可在店内附设的小型博物馆内通过照片和文字资料了解唐宁茶的历史，并参观店主人珍藏的各式珍贵藏品，堪称是一次在伦敦别有情趣的英式茶文化之旅。

英国攻略
伦敦·特拉法尔加广场

11 唐宁街10号 90分!

英国首相的官邸 ★★★★ 赏

Tips
🏠 10 Downing Street, Westminster, London SW1A 2 ☎ 020-7925-0918 💰 免费 🚇 乘地铁至Westminster站，出站即达

唐宁街10号是一所乔治风格的建筑物，传统上是第一财政大臣的官邸，但自从这个职位由首相兼任后，就成了普遍认为的英国首相官邸。它设计朴实的黑色木门，缀上白色的阿拉伯数字"10"，便成为了人所共知的标记。

虽然唐宁街10号是君主的御赐礼物，但由于它面积狭小，长年缺乏维修，又建在沼土之上，历史上不少的首相都不愿意入住，有些首相甚至有意将这里夷为平地。现在的唐宁街10号是在1733年，由"宫殿后的房子"和原本的唐宁街10号合并而成。"宫殿后的房子"最初是一所附在白厅宫，用作斗鸡场的侧屋。斗鸡场本身是一座特别的建筑物，顶上有一个八角形穹顶。斗鸡场的斗鸡活动至詹姆士一世时期才告终止，但"斗鸡场"的名字一直没有更改。

虽然唐宁街10号并不向公众开放，但却有不少值得介绍的著名房间和建筑：黑色正门建于17世纪60年代，门上又加有一个有名的狮子头叩门环和白色阿拉伯数字"10"。首相并没有门钥匙，因为门口只可从屋内开启；石制大楼梯依时序挂满了历任首相的肖像，但并不包括现任首相的肖像；白色起居室以白色为主调，曾是沃波尔夫人的起居室，也是丘吉尔夫人最喜爱的房间；赤土厅以赤土色为主调，最初被沃波尔爵士用作饭厅，现今则用作招待出席国宴的宾客。房内挂有威灵顿公爵等著名将军的画像，也有一张属于小皮特的桃花心木书桌，至今已有200多年的历史。

12 莱斯特广场

伦敦西区的影视娱乐中心

Tips
 伦敦西区莱斯特广场 乘黑色Northem线、蓝色Piccadilly线至Leicester Square站，出站后步行约5分钟即达

毗邻考文垂街和皮卡迪利广场的莱斯特广场周围拥有7座大型影院和众多剧院，广场中央的公园伫立着世界闻名的英国剧作家威廉·莎士比亚和喜剧明星卓别林的雕像，周围聚集着众多街头艺人和画家，是一处闹中取静的地方。每日都有川流不息的人群汇集在莱斯特广场，各种电影首映会也选择在这里举办，在拥挤的人群中不时就会传出一声尖叫，随之而来的就是此起彼伏的闪光灯，在广场四周嵌有明星手印，如同好莱坞的星光大道一般吸引了众多游人在这里拍照留念。

13 查令十字街

伦敦著名的书店街

Tips
 Charing Cross Road, London 乘地铁至Leicester Square站，出站即达

作为伦敦著名的书店街，查令十字街上除了各种大规模的综合书店外，最吸引爱书人和游客的就是这里各式各样的主题书店和旧书店，例如由家庭经营的Henry Pordes Books就是一家主要经营二于图书、过期期刊、经典自传和犹太书籍的书店，店内空间的装饰也充满古朴的风韵。

英国攻略 伦敦·特拉法尔加广场

14 Dog & Duck
●●● 莫扎特曾造访的酒吧　　　　　　　　★★★★

Tips
- 18 Bateman Street,London W1D 3AJ
- 020-7494-0697
- 周一至周六12:00—23:00
- 乘地铁至Tottenham Court Road站，出站后步行10分钟即达

位于伦敦ＳＯＨＯ区的Dog & Duck是一家外表看似普通，但内部装饰颇为精致的酒吧。Dog & Duck酒吧所在的建筑建于1897年，其前身曾是另一家建于1734年的酒吧，而那家酒吧的名字恰好也是Dog & Duck，就连莫扎特在伦敦期间也曾光顾过当时的Dog & Duck酒吧。酒吧内并没有喧嚣嘈杂的声音，维多利亚风格的瓷砖和老镜子却将过往的游人带回到日不落帝国的时代，不妨坐在吧台前，要上一份苏格兰牛肉汉堡或是店主推荐的麦芽酒牛肉派，吃上些水果馅饼，再喝上大大一杯啤酒，感受一下伦敦普通酒吧的气氛。

15 Rock & Sole Plaice
●●● 品尝英国传统的炸鱼和薯条　　　　　★★★★

英国传统的街头小吃炸鱼和薯条颇为闻名，游人来到伦敦自然要找机会品尝正宗的炸鱼和薯条，Rock & Sole Plaice内的炸鱼和薯条虽然价格不便宜，但分量充足，薯条也是不油不腻，外皮金黄酥脆的炸鱼总共有七种鱼类供食客选择，味道鲜美诱人。吃过炸鱼和薯条后，还可以品尝这里的英国传统的太妃糖浆布丁和绿豌豆泥，感受绝对正统的英国美味。

Tips
- 47 Endell Street,London WC2H 9AJ
- 020-7836-3785
- 周一至周六11:30—23:00，周日12:00—22:00
- 乘地铁至Covent Garden站，出站后步行10分钟即达

16 Maison Bertaux 吃
气氛温馨的糕饼店 ★★★★

创立于1871年的Maison Bertaux在百余年的历史中一直以家庭式的温馨风格以及各种美味诱人的法式糕点闻名，其中最受欢迎的就是这里主打的杏仁羊角面包和巧克力羊角面包卷。此外，Maison Bertaux内的红茶及咖啡更是获得了所有来客的一致好评，是游人来到伦敦后绝对不可错过的一家有百年历史的糕饼名店。

Tips
- 28 Greek Street, London W1D 5DQ
- 020-7437-6007
- 周一至周六8:30—23:00，周日8:30—21:00
- 乘地铁黑色Northem线、蓝色Piccadilly线至Leicester Square站，出站后步行10分钟即达

17 科芬园 逛
特色店铺林立的市场 ★★★★

科芬园位于伦敦市中心，17世纪时这里曾经形成了一外伦敦百姓日常光顾的蔬果市场，随着都市的开发与改建，现今的科芬园已经成为一处特色商铺林立的露天市场。科芬园内的商铺种类繁多，不论衣服、饰品、珠宝、茶具、画册、工艺品还是旅游纪念品应有尽有，附近的街道上还经常出现街头艺人和打扮成各种雕像造型的表演者，热闹的气氛与充满活力的市场吸引了众多来伦敦的游客驻足停步，纷纷拿出相机拍照留念。

Tips
- Covent Garden, Westminster, London WC2E 8
- 周一至周六8:30—17:30，周日9:00—13:00
- 乘1、6、9、11、13、15、23、59、68路公交车或地铁至Covent Garden站，下车即达

英国攻略

伦敦·特拉法尔加广场

英国攻略　伦敦·特拉法尔加广场

18 Hatchards
●●● 皇家御用书店　★★★★

Tips
📍 187 Piccadilly　📞 020-7439-9921

Hatchards是伦敦最著名的"御用书店",也是伦敦现存最古老的书店,有200多年历史。早在17—18世纪,这里就是伦敦各界文化人士经常前来的文化中心,包括王尔德、拜伦等知名文豪都是这里的常客。书店一直追求纯粹的读书环境,这里的装潢充满了古典风味,而且书店里从不销售杂志。这里读书空间广阔,环境优雅,是伦敦爱读书的人们的第一选择。

19 邦德街
●●● 伦敦最酷的购物街　★★★★★

Tips
📍 Bond Stree

伦敦是举世闻名的购物中心,有多条著名的购物街,邦德街被认为是其中最"酷"的一条。自20世纪末以来,这条街上所出售的时装和珠宝都以独特的风格和新奇的创意而受到全世界的关注。因此,来自世界各地的知名品牌纷纷在这里落脚,展示它们最新和最具创意的产品。在这儿还能不时地见到各方娱乐记者,因为这里也是明星们的购物天堂。

20 Pringle of Scotland

苏格兰东南部的王室御用品牌 ★★★★

Tips

- 112 New Bond Street,London W1S 1DP
- 020-7297-4580
- 周一至周六10:00—18:30,周日休息
- 乘地铁红色Central线、灰色Jubilee线至Oxford Street站,出站后步行约5分钟即达

来自苏格兰东南部的Pringle of Scotland是英国王室的御用品牌,早在1870年就已经开始生产羊绒毛衣,在20世纪90年代更开始推出各式休闲与运动系列服饰。2000年,Pringle of Scotland被香港商人买下,并开始重新定义为高级休闲服饰系列,其招牌图案的菱形格纹和站立的狮子侧面图案受到了格蕾丝·凯利、妮可·基德曼、贝克汉姆和麦当娜等各界名流的喜爱。

21 皮卡迪利广场

伦敦娱乐世界的心脏 ★★★★

Tips

- 伦敦威斯敏斯特区
- 免费
- 全天
- 乘地铁至Piccadilly Circus站,下车即可;乘3、6、9、12、14、15、38路公交车亦可到达

皮卡迪利广场位于伦敦市中心,所处的地理位置是伦敦市著名的交通枢纽,好几条繁华大街汇聚在这里,所以这座广场被称为"伦敦的肚脐"。此外,广场还是伦敦娱乐世界的心脏,在周围几百米内有伦敦最著名的剧场和影院、最有名的餐馆和最豪华的夜总会,是SOHO区的娱乐中枢。

广场中央矗立着一尊由艾伯特亲王雕塑的厄洛斯单足挺立的雕像,它是英国第一座用铝铸成的塑像。当全裸的雕像于1893年安放在广场上时,引起了众多维多利亚时代卫道士的不满,但神像却很快成为伦敦的象征。这座铝像实际上并不是爱神,而是一位基督教的博爱天使。它纪念的是第七任沙夫茨伯里公爵安东尼·阿什里·库珀(1801—1885),他是一位慈善家和政治家,致力于改善工厂和煤矿工人,以及扫烟囱者和精神病患者的现状。

现在这里常被人作为约会的地点,小爱神雕像周围总是聚满了伦敦人。这里同时也是重要的集会场所,足球大赛后球迷们会来这里狂欢;圣诞夜时人们会在这里互相祝酒。

22 Waterstone's
欧洲最大规模的书店 ★★★★ 逛

作为英国最大的连锁书店，Waterstone's位于皮卡迪利广场的这家分店于1999年开始营业，总计六层的书店内拥有超过15万种出版品，而书店7层则是活动场地，贝克汉姆、披头士乐队的保罗·麦卡特尼、美国前总统克林顿夫妇等都曾在此举办签售活动，是一个经常可以看到各界名人的地方。此外，位于书店六层的View Bar是一处可以让人一边享用鸡尾酒和咖啡，一边欣赏窗外伦敦街景的地方，是爱书的游人来到伦敦后不可错过的一处大型书城。

Tips
📍 203/206 Piccadilly,London SW1Y 6WW
☎ 020-7851-2400 🕐 周一至周六10:00—22:00，周日12:00—18:00 🚇 乘地铁至Piccadilly South Side，出站后从Virgin旁的Piccadilly向西步行大约2分钟即达

23 Wedgwood
英国顶级的精制陶瓷 ★★★★ 买

由Josiah Wedgwood与当时知名的陶艺家Thomas Whieldon一同于1759年设厂创立的Wedgwood品牌，是英国顶级的精致陶瓷品牌，早在1763年就开始接到英国皇室订单，当时就连俄罗斯皇室也从Wedgwood订购瓷器，其影响力可见一斑。Josiah Wedgwood在晚年时更是以公元1世纪的波特兰花瓶为蓝本，研发并制作了最广为人知的白浮雕式样Jasper，时至今日依然吸引了众多该品牌的忠实爱好者。

Tips
📍 158 Regent Street,London W1B 5SW
☎ 020-7734-7262 🕐 周四10:00—19:30，周日12:00—18:00，平日10:00—19:00 🚇 乘地铁至Piccadilly Circus站，出站后步行约10分钟即达

24 Paxton & Whitfield
英国最知名的奶酪店

93 Jermyn Street　020-7321-0621

Paxton & Whitfield是英国最知名的奶酪商店,至今已经有200多年历史。由于英国女王伊丽莎白二世特别喜欢这里的奶酪,这家店也担负着为王室提供奶酪的责任。这家店的店面并不大,但是走进去立刻就能闻到浓烈的奶酪味道。货架上摆放着各种颜色、样式不一的奶酪,形状多种多样,味道也千差万别,就好像进入了一间奶酪博物馆一般。这里的奶酪全都是精雕细刻,虽然价钱不菲,但是依然令无数人纷至沓来。

25 Floris
王室特供的香水

89 Jermyn Street　020-7930-2885

Floris位于伦敦市中心的哲麦街上,这是一家拥有超过200年历史的香水老店。这里的香水香味浓郁持久,因此深受英国王室的喜爱,这里也就成为专门为王室设计香水的商店。这里制作香水所使用的原料全部来自大自然,不添加任何人工合成的成分,因此特别受人欢迎。看着放在店内柜台中那一瓶瓶不同时期的香水,人们好像走进了历史的长廊,在芬芳的香气中感受这里的悠久历史。

26 Prestat
有100多年历史的巧克力品牌

Tips
📍 14 Princes Arcade, Piccadilly ☎ 020-7629-4838

Prestat是英国有100多年历史的巧克力品牌,除了在伦敦拥有多家分店外,现在也开始走向世界。这里也是专供英国王室的巧克力品牌,据说女王对这里出产的"拿破仑三世手卷松露巧克力"最为青睐。Prestat自创立以来,这里的巧克力配方就一直没有改变过,除了手卷松露巧克力外,还有完全由手工制作的紫罗兰巧克力,其中还加上了300磅鲜花才能提炼出1磅的鲜花精油,足见其高贵奢华。

27 Fortnum & Mason
著名的红茶店

Tips
📍 181 Piccadilly, London W1A 1ER 🚇 乘地铁在Piccadilly Circus站出站 ☎ 020-7734-8040

在英国喝下午茶已经成为人们的生活和社交习惯之一,Fortnum & Mason就是伦敦最著名的王室御用红茶店。早在1707年这里开张后不久,就深受各路贵族的青睐,如今在店门外还能看到女王颁发的认证书。这家店里提供最上等的红茶和各种美味的甜点,配上充满古典气息的骨瓷茶具和刀叉。在喝下午茶的同时,店里还提供钢琴演奏,一派英国古典贵族的派头。

28 伦敦中国城

享用亚洲美食 ★★★★ 逛

伦敦中国城位于伦敦最热闹的区域之一苏活（SOHO）区，在这里可以看到熟悉的中国传统街景，大街两侧那鳞次栉比的中国餐馆和中国商品店等让人感受到这里的繁华。街面的招牌等全都是用中文书写，路上的行人也不时地会用中文向你打招呼。在这儿能买到最新的中文杂志、报纸和中药等颇具中国特色的商品，此外还有不少亚洲其他国家的餐馆交杂其间，堪称亚洲美食的汇集地。

Tips

27 Gerrard St., Westminster, London W1D6JN, United Kingdom 乘黑色Northern线、蓝色Piccadilly线在莱斯特广场站出站 020-7437-3186

英国攻略

伦敦·特拉法尔加广场

29 国王十字车站

英国国内最重要的交通枢纽

★★★★★

Tips
🏠 London, UK N1 9AP ☎ 084-5711-4141

国王十字车站是英国国内最重要的站点,这里不仅是英国东海岸主干线的南端终点,同时也紧靠着欧洲之星的终点站圣潘可拉斯站,是英国最重要的交通枢纽。这座车站建于1852年,经过多年的改建和扩建,如今已经成为一座现代化的美丽车站,这里拥有一座宏大的半圆形候车大厅,十数个月台。在车站周围还有酒店和广场等附属设施。值得一提的是,在小说《哈利·波特》中也曾描写过这座车站,使得这里也备受书迷们的喜爱。

30 World's End
时尚叛逆的个性店铺

Tips
- 430 King's Road, London SW10 0LJ
- 020-7352-6551
- 周一至周六10:00—18:00, 周日休息
- 乘地铁黄色Circle线或绿色District线至Sloana Square站, 出站后换乘11、22路公交车至World's End站, 下车即达

在20世纪60~70年代, 国王路曾经是伦敦嬉皮士与朋克风潮的核心地区, 在这里, 戏剧、时尚和音乐等不同领域的前卫艺术彼此撞击、融合, 滚石和披头士乐队的成员在当时都是国王路的常客。虽然现今国王路已经变成一处被时尚品牌取代的地方, 但被誉为朋克教母的Vivienne Westwood开的World's End却依然屹立不倒, 这家先后被命名为Let it Rock、SEX、Seditionaries的店铺虽然面积不大, 但却是世界各地朋克竞相前来朝圣的一处圣地, 店内可以买到店主设计的Anglomania系列服饰, 门口那个飞快旋转的大钟也总是吸引众多游人的注意, 钟面上正中间的刻度是13而非12, 颇为别致。

英国攻略 · 伦敦 · 特拉法尔加广场

英国
攻略HOW

Part.3
伦敦·大英博物馆

　　世界知名的大英博物馆内收藏了数百万件珍贵的藏品，来这里参观是一次可以让人彻底享受顶级珍品的文化之旅。科文特加登广场是伦敦第一座露天广场，现今则是一处遍布露天市集、街头小店、街头咖啡馆的休闲广场。

伦敦·大英博物馆 特别看点！

英国攻略
伦敦·大英博物馆

第1名！
大英博物馆！

100分！
★ 历史最悠久的综合博物馆，世界最知名的博物馆！

第2名！
科文特加登广场！

90分！
★ 伦敦第一座露天广场，休闲散步逛街的好去处！

第3名！
圣保罗大教堂！

75分！
★ 世界第二大圆顶教堂！

01 大英博物馆 (100分！)
世界上规模最大的博物馆之一　★★★★★ 赏

位于大罗素广场的大英博物馆又叫不列颠博物馆，成立于1753年，1759年1月15日正式对公众开放，是世界上历史最悠久、规模最大、最著名的博物馆之一。它收藏了世界各地的许多文物和图书珍品，藏品丰富、种类繁多为全世界博物馆所罕见。

现有的建筑为19世纪中叶所建造，有100多个陈列室，共藏有展品400多万件，由于空间的限制，目前还有大批藏品未能公开展出，博物馆正门的两旁，各有8根又粗又高的罗马式圆柱，每根圆柱上端是一个三角顶，上面刻着一幅巨大的浮雕。整个建筑气势雄伟，蔚为壮观。除了欣赏展品外，游客还可以领略英国人在博物馆设计方面的过人之处。大英博物馆还以这里的图书馆而闻名，因为大英博物馆的起源就是汉斯·斯隆爵士捐赠的私人图书馆，英王乔治四世改建新馆时又捐赠了大量书籍。这里是马克思为他的不朽之作——《资本论》收集资料和写作的主要场所，许多参观者来寻找马克思当年常坐的座位。大英博物馆大中庭位于大英博物馆中心，于2000年12月建成并对外开放，目前是欧洲最大的有顶广场，广场的顶部是由1050块形状奇特的玻璃片组成的。

> **Tips**
> Great Russell Street,London WC1B 3DG　020-7323-8000　免费　周六至周三10:00—18:00，周四至周五10:00—20:30　乘10、24、29、73、134路公交车可达

大英博物馆包括埃及文物馆、希腊罗马文物馆、西亚文物馆、欧洲中世纪文物馆和东方艺术文物馆。其中以埃及文物馆、希腊罗马文物馆和东方艺术文物馆藏品最引人注目，所收藏的古罗马遗迹、古希腊雕像和埃及木乃伊闻名于世。《亚尼的死者之书》作为镇馆之宝，是收藏家佛里斯班士1887年在尼罗河中游克索西岸的墓室中发现的，是众多以纸莎草记录的《死者之书》当中保存得最好、最出色的，堪称古埃及美术中臻于极致的作品，也是古埃及生死观的明白表现。

02 James Smith & Sons Ltd.
伦敦雨伞之家

> **Tips**
> Hazelwood House,53New Oxford Street,London WC1A 1BL　020-7836-4731　周一至周五9:30—17:15，周六10:00—17:15　乘地铁红色Central线、黑色Northern线至Tottenham Court Road站的大英博物馆出站口，出站后步行约10分钟即达

家族式经营的百年雨伞手杖店James Smith & Sons Ltd.被称为"伦敦雨伞之家"，于1875年搬迁到现在的位置。百余年间，James Smith & Sons Ltd.经营的手杖、雨伞、阳伞、可收纳的椅杖和兽角制品一直由店内首席工匠亲自设计制作。在James Smith & Sons Ltd.挑选一把传统的苏格兰格子伞和维多利亚时代英国绅士出门必备的手杖，都是伦敦之行不错的纪念品。

03 波洛克玩具博物馆

荟萃各种经典玩具的博物馆

Tips
🏠 1 Scala Street,London W1T 2HL ☎ 020-7636-3452 ¥ 3英镑 🕙 10:00—17:00 🚇 从Goodge Street站出站，左转到托特纳姆街，再左转至Whitfield Street，直行1分钟即达

位于街角的波洛克玩具博物馆外观是一幢历史悠久的老房子，以制作传统玩具的专家本杰明·波洛克的名字命名。波洛克制作的传统立体纸剧场玩具人多取材自伦敦上演的知名剧目和童话，因而极受欢迎。在其过世后，Marguerite Fawdrya于1955年买下了全部的库存玩具，并在位于科文特加登的波洛克玩具店继续经营，之后又在1969年成立了这家波洛克玩具博物馆供游人参观。博物馆内除了波洛克制作的立体纸剧场玩具外，还收藏了维多利亚时代的娃娃屋、蜡制人偶、瓷玩偶、泰迪熊、铁皮玩具、机械与纸玩具、儿童家具等超过2万件不同的玩具，堪称是一个丰富多彩的玩具世界。此外，游人还可在博物馆一楼的传统玩具店内购买到这里最受欢迎的经典纸剧场玩具作为观光纪念。

04 科文特加登广场 90分！

伦敦第一座露天广场

科文特加登广场是伦敦第一座露天广场，这里原本是修道院花园，后来也被用作蔬菜市场。如今，这里是一座充满了露天市集、街头小店、街头咖啡馆的休闲广场，还有不少街头艺人每天都在为人们奉献着自己的艺术表演。广场四周的小店主要汇集于北、中、南三个区，其中有不少很有特色的店铺，有很多物超所值的商品。

Tips
🏠 31 Henrietta St., Westminster, City of London WC2E 8NA 🚇 乘地铁在科文特加登（Covent Garden）站下车

05 West Cornwall Pasty

创新口味的英式咸派

位于科文特加登广场的West Cornwall Pasty以英国传统的酥皮肉馅派闻名。这种源自英格兰西南角康沃尔凯尔特族的肉馅派以牛肉、洋葱、碎土豆等为主要馅料，外观颇似一个大号饺子。West Cornwall Pasty则推出猪肉和苹果、人鸡小红莓和爱尔兰风味的黑啤酒牛肉口味酥皮肉馅派，此外还有香肠卷、法国面包和炸虾、薯条等食物，坐在店中要上一杯啤酒，品尝这里的各种英式小吃，度过一个颇为惬意的下午，是很多来到科文特加登广场游客的选择。

> **Tips**
> 1, The Market, The Piazza, London WC2E 8RA 020-7836-8336 周一至周六11:00—23:00，周日12:00—22:30 乘地铁蓝色Piccadilly线至Covent Garden站，出站后步行5分钟即达

06 贵宾席剧场商品店

各种剧场周边商品

充满浓厚文艺气息的伦敦被誉为戏剧之都，位于科芬园广场的贵宾席剧场商品店内拥有几乎所有伦敦戏院的表演信息，此外这里还可以买到各种音乐剧的原声CD、DVD、宣传海报和周边纪念品，橱窗内还展示有以《歌剧魅影》为主题设计的银饰。

> **Tips**
> 57-59 Monmouth Street Covent Garden 乘地铁在Covent Garden站下 020-7240-2227

伦敦·大英博物馆

英国攻略

07 伦敦交通博物馆

●●● "交通宅"不可错过的好去处 ★★★★

> **Tips**
> 🏠 Covent Garden Piazza,London WC2E 7BB ☎ 020-7379-6344 8英镑 ⏰ 10:00—18:00 🚇 从Covent Garden站出站后,沿James Street步行即达

　　伦敦交通博物馆所处的建筑曾是电影《窈窕淑女》的场景,1980年开始对公众开放。博物馆内收藏了历史上的各种交通工具:不论是维多利亚时代的双层马拉公交车、世界上第一列地铁车头——Metropolitan、第一款大批量生产的马达公交车——B-Type,还是各种双层公交车、电车、火车和出租车等都可以在博物馆内寻觅到,此外还有各种早已淹没在历史长河中的交通工具的模型和地铁站剖面图的模型、各种地图、海报与照片。博物馆内的工作人员也都身穿旧时车展的制服,带着随身售票机。置身其中,充满复古怀旧的趣味。伦敦交通博物馆内还附设有专卖店,游人不仅可以买到各种运输线路的出版品、限量模型、复刻地图票券、海报、车站标志标语牌、线路图和以公交车造型设计的服饰、铁牌、玩具等品类繁多的各式纪念品,还可以在楼上的咖啡座内小憩片刻。

08 帕普二手货服饰店

●●● 年轻人喜爱的时髦二手货 ★★★★

> **Tips**
> 🏠 6 Monmouth Street, Covent Garden 🚇 乘地铁在Covent Garden站下 ☎ 020-7497-5262

　　帕普二手货服饰店是一家经营20世纪50—70年代嬉皮风潮服饰的商店,走入店中,缤纷的色彩、颓废却又华丽的随性剪裁,无不充满那个时代的奔放性格,甚至连1940年复刻版Levi's牛仔夹克也可以在这里找到,因而深受年轻人的喜爱。

09 圣保罗大教堂　75分!
古典艺术的宝库

Tips
🏠 Saint Paul's Church Yard, City of London, London EC4M 8　📞 020-7246-8357　💰 地下灵堂：3.5英镑，回廊：3英镑，通票6英镑(学生5英镑)，16:15以后免费开放　🕐 周一至周六 8:30-16:00　🚌 乘4、11、15、23、26、100路公交车即达；乘地铁城区1线至St Paul's站

位于伦敦泰晤士河北岸纽盖特街与纽钱古街交角处的圣保罗大教堂是巴洛克风格建筑的代表,以壮观的圆形屋顶而闻名,是世界第二大圆顶教堂,也是英国古典主义建筑的代表。

圣保罗大教堂最早在604年建立,后来经过了多次的毁坏、重建,到最终由英国著名设计大师和建筑家克托弗·雷恩爵士在17世纪末完成这座伦敦最伟大的教堂设计,整整花了45年的时间。教堂平面为拉丁十字形,十字交叉的上方盖有两层圆形柱廊构成的高鼓座,上面是巨大的穹顶。教堂正门上部的人字墙上,雕刻着圣保罗到大马士革传教的图画,墙顶上立着圣保罗的石雕像。正面建筑两端建有一对对称的钟楼,西北角的钟楼里吊有一口17吨重的大铜钟。教堂内有方形石柱支撑的拱形大厅,各处施以金碧辉煌的重色彩绘,窗户上嵌着彩色玻璃,四壁挂着耶稣、圣母和使徒的巨幅壁画。唱诗班席位的镂刻木工、圣殿大厅和教长住处螺旋形楼梯上的精湛铁工,都反映了当年高度的艺术与装饰水平。教堂内还有王公、将军、名人的坟墓和纪念碑,如两位11世纪撒克逊国王、威灵顿将军、雷恩建筑师的坟墓。

10 红茶之家
感受世界名茶的香醇

位于科芬园的红茶之家以黑红两色为基调,充满浓郁的东方风情,虽然店名叫红茶之家,但店内却拥有上百种茶叶,不仅英国人喜爱的大吉岭、伯爵、阿萨姆、早餐茶等红茶一应俱全,中国绿茶、花茶和各种水果茶、香草茶以及日本的玄米茶和煎茶也都可以在店内找到。在品茶之余,还可以了解各种与茶叶相关的知识。

Tips
🏠 15 Neal Street　🚇 乘地铁在Covent Garden站下　📞 020-7240-7539

伦敦·大英博物馆

11 Ye Olde Cheshire Cheese
数百年的历史积淀 ★★★★ 吃

隐匿在伦敦小巷中的Ye Olde Cheshire Cheese最早开业于1538年，现存的这幢建筑是1666年伦敦大火后第二年重建的，已有近400年历史。现今Ye Olde Cheshire Cheese光线昏暗的空间内除了设有可供客人站立饮酒的小桌外，也有相对隐秘的卡座，四周的木质装潢充满古朴风韵。当年光顾这里的客人有柯南·道尔、狄更斯、塞缪尔·约翰逊等名人，现今仍不时有游人推开门走进来，要上一些充满英国特色的炸鱼、薯条、约克郡布丁、烤牛肉、牛排腰子派和蜜糖布丁等美食，是感受传统英式酒馆的绝好去处。

Tips
 Wine Office Court,145 Fleet Street,London EC4A 2BU　020-7353-6170　周一至周五11:00—23:00，周六12:00—23:00，周日12:00—14:30　乘地铁至Blackfriars站，出站后步行5分钟即达

12 Cittie of Yorke
都铎风情的老式酒吧 ★★★★ 娱

门面具有浓郁都铎风情的Cittie of Yorke酒吧前身曾经是开业于15世纪的酒吧，在17世纪改建成咖啡店后，于1920年重新整建开业。Cittie of Yorke内最引人注目的就是这里宛若教堂一般高挑的大厅，墙上装饰的大酒桶位于酒吧中央，而建于1815年的火炉、烟囱、管线都隐藏在地板下，其历史甚至比酒吧本身还要悠久。每到夜晚，Cittie of Yorke内都会挤满上班族，热闹的气氛令人忘记了一天的工作劳累。

Tips
22 High Holborn,London WCIV 6BN　020-7242-7670　周一至周六11:30—23:00，周日休息　乘地铁至Chancery Lane站，出站后步行5分钟即达

13 皇家医院

● ● ● 朴实无华的古典建筑　★★★★ 赏

成立于1740年的皇家医院是伦敦最古老的医院之一，医院的建筑在诸多现代化摩天大楼的包围中显得别具历史感。朴实无华的外表让这里显得愈加平易近人。虽然这里早已在后面建起了新的医院大楼，但是这座旧楼至今依然承载着皇家医院重要的历史，依然仕为众多病人服务。

Tips
 Royal Hospital Road, Chelsea　乘地铁在Sloane Square站下　020-7881-5246

14 王尔德故居

● ● ● 大文豪的故居　★★★★ 赏

Tips
34 Tite Street, Chelsea　乘地铁District线、Circle线在Sloane Square站出站

王尔德是举世闻名的英国作家，曾创作了《快乐王子》、《自私的巨人》等多部脍炙人口的名作。现存的王尔德故居位于伦敦的泰特街，他曾在这里居住了11年，最后因为同性恋的罪名在这儿被捕。如今这座记载着大作家历史的小屋是一座私人住宅，虽然无缘入内一观，但是依然能从外面凭吊这位文豪的过去。

15 菲奇克花园

● ● ● 满园的奇花异草　★★★★ 赏

菲奇克花园位于伦敦最繁华的区域之一——切尔西区，是伦敦市内知名的古老建筑。至今已经有300多年历史的菲奇克花园里到处都是奇花异草，各类珍稀苗木多达5000余种，其中还有400多种药草。这里的花草都以用途分类，分作药用、香料用、烹饪用等几种，并将俗称和学名列在一起，让人一看就能明白。

Tips
66 Royal Hospital Road, London　乘地铁District线、Circle线在Sloane Square站出站　020-7352-5646　￥7英镑

英国攻略　伦敦・大英博物馆

079

英国攻略HOW

Part.4 伦敦·伦敦塔

伦敦塔所在的塔丘地区曾经是闻名的伦敦发源地之一,历史悠久的伦敦塔是一座记载了英国历史的厚重堡垒。

英国攻略｜伦敦·伦敦塔

伦敦·伦敦塔 特别看点！

第1名！
伦敦塔！

100分！
★ 伦敦城的象征，记载了英国历史的厚重堡垒！

第2名！
伦敦塔桥！
90分！

★ 伦敦的地标式建筑，横跨泰晤士河的哥特式桥梁！

第3名！
莎士比亚环形剧场！

75分！
★ 古典戏剧的表演圣地，古老的中世纪剧场！

01 伦敦塔　100分！
英国人心中的"故宫"　★★★★ 赏

位于伦敦泰晤士河北岸的塔山上的伦敦塔建于1078年，其官方名称是"女王陛下的宫殿与城堡"，最初曾经是征服者威廉建造的一个军事城堡。从12世纪起，历代英国国王在这里修建王宫、教堂，也充当过国家监狱。

伦敦塔最重要、最古老的建筑是位于要塞中心的诺曼底塔楼，它是整个建筑群的主体，因为它是用乳白色的石块建成的，所以称为白塔。白塔是主人居住与守备部队进驻之所，最为坚固，在某种程度上象征着征服者威廉日益巩固和扩大的权力。塔的墙体厚度不一，双层墙壁，窗户口很小，门窗之间用白石相隔。塔楼四角耸出四座高塔，三方一圆，在角隅设有螺旋楼梯，可以通到顶层。白塔内的圣约翰教堂是伦敦现存最古老的教堂，也属诺曼底式建筑。以白塔为中心，周围有13座塔，又以威克非塔、血塔、比彻姆塔最为著名。血塔建于1225年，原称花园塔，因发生过悲惨事件，16世

Tips
🏠 The Tower Of London, Tower Hill,London EC3N 4AB ☎ 084-4482-7777 💰 8.3英镑
🕙 10:00—17:00 🚌 乘15、25、42、100、D1、D9、D11路公交车；乘地铁至Tower Hill站；乘火车至Fenchurch Street或伦敦桥站；乘小艇也可到达

纪末改称血塔。被国王用来专门囚禁政治要犯及国王的死敌，是一座死牢，被关进这座塔里的人大多被处死。伦敦塔在英国王宫中的意义非常重大，作为防卫森严的堡垒和宫殿，英国数代国王都在此居住，国王加冕前住伦敦塔更成了一种惯例。

伦敦塔古堡里有体现古代刑法的地牢、宝剑、刽子手的斧钺等，还有建于11世纪的英国最古老的小教堂。它的圆顶地下室里，收藏有历代国王的皇冠和宝石、珠宝，其中"帝国皇冠"上有3000颗熠熠生辉的宝石，"皇杖"中央的"非洲之星"宝石重达530克拉，更有被称为"黑王子"的红宝石，这些都是全球闻名的稀世珍宝。

02 砖块街
伦敦最平民化的购物街 ★★★ 逛

Tips
🏠 Brick Lane,London E1 🚇 乘地铁Tower Hill 从Spitalfields, Folgate Street站出站 ☎ 020-7364-1717

砖块街是一条看上去很普通的街道，但它却是伦敦著名的商业街，这里是以出售各种价廉物美的商品而著称的，不过它只在周日才对外开放。在这里可以清晰地了解到伦敦普通市民的生活情况，也能购买到自己中意的商品，无论是衣服鞋袜还是家用电器，这里应有尽有，许多独特的手工艺品还是馈赠亲友的好选择。

03 伦敦塔桥

●●● 伦敦的"正门"　★★★★★ 赏

　　位于伦敦塔附近的伦敦塔桥横跨于泰晤士河上，建于1894年的伦敦塔桥采用了维多利亚王朝的哥特式造型，桥身全长80.5米，宽61米，水面距离桥面42.4米，桥两端两座高耸的高塔与毗邻的伦敦塔相互映衬，蔚为壮观，已成为伦敦的城市标志之一。值得一提的是，伦敦塔桥内常年设有各种主题的展览，游人可以在塔桥上参观展览、拍照留念，还可观看吊桥的升降。

> **Tips**
> 🏠 202-203 Grange Road, London SE1 3AA
> ☎ 020-7403-3761　￥ 5英镑　🕐 4月至10月10:00—18:30；11月至次年3月9:30—17:45
> 🚇 乘火车至伦敦桥站或Fenchurch Street，乘地铁至Tower Hill或伦敦桥站；乘15、25、40、42、47、78、100、D1、P11路公交车亦可到达

04 贝尔法斯特号

●●● 英国第二艘以国家名义保留的战舰　★★★★ 赏

　　停泊在毗邻伦敦塔桥处河畔的老式战舰——贝尔法斯特号是英国海军退役战舰，与朴次茅斯海军博物馆内停泊的胜利号帆船同为英国以国家名义保留下来的战舰，现今作为战舰博物馆对公众开放。作为20世纪上半叶最先进的海军战舰之一，1936年开工的贝尔法斯特号造价21.5万英镑，战舰上的走廊边挂着一块有舰标的木制徽标，旁边还有1948年贝尔法斯特市民捐赠的一只银制船铃，铃内雕刻着官兵服役时所生，并在舰上接受过洗礼的子女的名字。

> **Tips**
> 🏠 Tooley St, London SE1 2JH　☎ 020-7403-6246　￥ 成人9.95英镑，学生6.15英镑，16岁以下免费　🕐 3月1日至10月31日10:00—18:00；11月1日至次年2月28日10:00—17:00　🚇 乘地铁至利物浦街站，出站后步行通过塔桥，在南端下桥沿河向西步行即达

05 Brick Lane Beigel Bake
伦敦历史最悠久的贝果老店 ★★★★ 吃

> **Tips**
> 📍 159 Brick Lane London E1 6SB ☎ 020-7729-0616 🕐 24小时营业 🚇 乘地铁Central线至利物浦街站，出站后步行10分钟即达

以超低价供应美食的Brick Lane Beigel Bake是伦敦历史最悠久的贝果店，每晚店内都会制作超过7000个有奶酪、鸡蛋、鲱鱼等为馅料的贝果，其中最受顾客欢迎的是这里招牌主打的贝果夹腌牛肉，配上芥末和酸黄瓜更是令每一个品尝过的人赞不绝口。此外，店内的奶酪蛋糕、巧克力蛋糕、英式葡萄干馅饼、甜甜圈、羊角面包以及咖啡和茶都堪称美味，每天店外都会排起长队。

06 伦敦桥
见证伦敦历史的桥梁 ★★★★ 赏

伦敦桥是伦敦历史最为悠久的桥梁，它的历史追溯到罗马帝国统治时期，虽几经翻修重建，但桥址未曾改变过，现在的主建筑是一座1973年完工的现代化大桥。

> **Tips**
> 📍 Borough High Street

07 萨瑟克大教堂
独特的街区教堂 ★★★★ 赏

萨瑟克大教堂在伦敦诸多的街区教堂中算是相当出名的一座，不仅是因为它拥有壮观的哥特式造型，更因为它是哈佛大学的创始人约翰·哈佛接受洗礼的地方。这座教堂虽然建于20世纪初，但却有着浓郁的中世纪气息，它拥有极具传统风格的高耸尖顶和华丽的彩绘玻璃窗，每当阳光洒落进教堂时，大厅内的空灵气息也是独一无二的。

> **Tips**
> 📍 Borough High Street 🚇 乘地铁Jubilee线在伦敦桥站出站 ☎ 020-7367-6700

08 皇家交易所

 位于古老建筑内的高档购物中心 ★★★★ 买

Tips
🏠 Newgate Street和Princes Street交会处

皇家交易所原本是世界上最早的期货交易中心,直到20世纪才被改建为伦敦著名的购物中心。这栋建筑物历史悠久,它建于伊丽莎白一世女王统治时期,是那个时代的建筑代表作之一。大楼充满着古朴典雅的气息,色彩明快,气势宏伟,来到这里的人都会被这壮观的景象所征服。漫步在皇家交易所内可以看到坚固的石柱与一道道拱门,它们已经成为这里的象征。

09 英格兰银行博物馆

 独特的银行博物馆 ★★★★ 赏

Tips
🏠 Bartholomew Lane ☎ 020-7601-5545

英格兰银行博物馆位于著名的英格兰银行总部内,是全球知名的金融业博物馆,里面展品众多,吸引了来自世界各地的游人。来到博物馆可以了解到现代银行业发展的历史,可以看到不同时期的欧洲各国所使用的货币,其中最值得观看的是按照发行时间摆放的各个版本的英镑。英格兰银行博物馆最珍贵的展品是一块巨大的金砖,来到这里的人们都会去摸一摸。

10 莎士比亚环形剧场

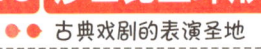 古典戏剧的表演圣地 ★★★★★  75分! 娱

Tips
🏠 21 New Globe Walk, Bankside, London SE1 9DT 🚇 由St. Paul's站2号出口出站
☎ 020-7902-1500 💷 9英镑

莎士比亚环形剧场曾是一座古老的中世纪剧场,也是《哈姆雷特》、《李尔王》和《奥赛罗》等名剧的首演地,现在的建筑则是1997年在其附近重建的。这座戏院其实是一个古典戏剧的博物馆,人们在此可以了解到莎士比亚时期有关戏剧的一些情况,包括当时观众的观看喜好、戏剧的设施和演员的生活情况。这里也是著名的表演场所,这里上演的剧目都是载入艺术史册的经典剧目。

11 泰特现代美术馆

● ● ● 现代艺术的殿堂　　　　　★★★★ 赏

Tips
📍 53 Bankside, London SE1 9TG ☎ 020-7887-8888 💰 免费 🕐 周日至周四10:00—18:00，周五至周六10:00—22:00；12月24、25、26日不开放 🚇 乘坐地铁至Whitehall站，换乘87路公交车至Tate Britain站，下车即达

位于泰晤士河南岸，与圣保罗大教堂隔岸相望的泰特现代美术馆的历史要追溯到1847年亨利·泰特爵士创立的国立英国艺术美术馆。1917年，同凡高让于外国艺术的泰特美术馆奉命开始收藏现代艺术，并另外设立一座专门进行20世纪现代艺术品收藏和展览的现代美术馆。

今天的泰特现代美术馆由瑞士两名年轻的建筑师Jacqes Herzog和Pierre de Meuron改建而成，外表由褐色砖墙覆盖、内部是钢筋结构的美术馆原本是一座气势宏大的发电厂，高耸入云的大烟囱是它的标志。巨大的涡轮车间改造成既可举行小型聚会、摆放艺术品，又具有主要通道和集散地功能的大厅。在巨大烟囱的顶部，设计师Michael Crage-Martin与Jacqes Herzog及Pierre de Meuron合作，加盖了一个由半透明的薄板制成的顶，因为由瑞士政府出资，所以命名为"瑞士之光"，如今，它已成为伦敦夜景不可缺少的一部分。

美术馆展出的是1900年至今的现代艺术，包括20世纪具有领导地位的艺术家如毕加索、安迪·沃霍尔及达利的作品。馆藏作品的入场是免费的，美术馆也会举办短期的展览来探讨现代主义艺术家的作品或艺术运动。

12 伦敦市政厅

● ● ● 泰晤士河畔的标志性建筑　　　　　★★★★ 赏

屹立于泰晤士河南岸的伦敦市政厅高45米，不同于欧洲各大城市常见的古老市政厅，外墙全部是透明玻璃的伦敦市政厅是一座标新立异的太空时代建筑，宛如在风中摇摆的肥皂泡一般整体向南倾斜3度，形成一个全透明的倾斜半球形，与古老的伦敦塔隔河相望，成为泰晤士河畔的标志性建筑之一。伦敦市政厅中的大部分公共空间对公众开放，还经常举办各种主题展览，除了日常展览和顶楼的"伦敦客厅"外，这里的公共信息屏幕每天会公布楼里举行的会议，很多会议民众和新闻界都可以旁听。

Tips
📍 Greater London Authority, City Hall, The Queen's Walk, More London, London SE1 2AA ☎ 020-7983-4323 💰 免费 🕐 周一至周五8:00—20:00 🚇 乘地铁至伦敦桥站，步行10分钟即达

13 新市政厅
●●● 伦敦市政府的新办公地 ★★★★★

Tips
🏠 The Queen's Walk SE1 2AA　🚇 乘地铁在伦敦桥站下　☎ 020-7983-4000

外观宛若一枚海螺的新市政厅由设计千禧桥的建筑师Norman Foster旗下事务所设计，高十层的新市政厅通体都被玻璃帷幕包围，充满现代感的建筑也与河对岸的伦敦塔桥形成强烈的对比。

14 郡政厅
●●● 旧时伦敦市政议会总部 ★★★★

位于泰晤士河南岸的郡政厅是一幢外观古典优雅的建筑，最初曾作为伦敦市政议会总部，之后作为大伦敦议会总部，现今已经被改建为一座艺术馆，此外还拥有豪华舒适的万豪酒店。伦敦水族馆是游人在参观了三层的郡政厅大楼后不可不去的一处热门景点，作为欧洲最大、最壮观的水生生物展览馆，游人在伦敦水族馆内可以了解世界上所有的大洋以及雨林、热带淡水、海岸和沙滩等生态环境。

Tips
🏠 Belvedere Road, Lambeth, London SE1 7　💰 郡政厅：免费；伦敦水族馆：成人13.25英镑，3~14岁的儿童9.75英镑　⏰ 郡政厅：10:00—17:30；伦敦水族馆：7月21日至9月2日10:00—19:00　🚇 乘地铁至Waterloo站；或乘77、211路公交车可达

15 瑞士保险总部
外观独特的现代建筑 ★★★★ 赏

瑞士保险公司总部是一栋外观为蓝色的子弹形建筑，高180米的瑞士保险总部共有42层，每层楼之间都有螺旋形的光井，蜂窝状斜纹的交叉设计充满未来风。在周围的古老建筑中颇为醒目。

Tips
30, St. Mary Axe, City of London　乘地铁在Bank站下

16 罗伊德保险协会大楼
宛若机器的后现代建筑 ★★★★ 赏

建于1986年的罗伊德保险协会大楼以透明的玻璃外墙和金属钢圈为特色，宛若一座银色的钢铁机器般屹立在商业区，仿佛火箭发射塔一般，令人印象深刻。

Tips
71, Fenchurch Street Broadgate　乘地铁在Bank站下

17 圣玛丽里波教堂
历史悠久的教堂 ★★★★ 赏

圣玛丽里波教堂是伦敦最为古老的教堂之一，它的历史可以追溯到遥远的盎格鲁-撒克逊王朝时期。这个教堂没有附近圣保罗大教堂的雄伟景象，也没有华丽的装饰和诸多名人逸事，但它那古朴典雅的风格，却吸引了游客们的目光。圣玛丽里波教堂最引人注目的地方是这里的钟楼，每到固定时刻，悠扬的钟声就会响彻四周。

Tips
Cheapside　乘地铁北线、滑铁卢&城市线、中央线在Bank站出站　020-7248-5139

英国攻略　伦敦·伦敦塔

18 设计博物馆
现代文化艺术展览中心

充满后现代主义风格的设计博物馆是展出冷战结束以后当代艺术作品的地方，许多展品都有着极为强烈的前卫风格。这里的展品不仅有传统的艺术作品，还有现代新兴的平面设计、建筑艺术、工业设计、房屋空间应用这些方面的作品，它们的特点是古典作品中无法寻觅到的。漫步在设计博物馆内可以看到那些极具新时代美感的作品，有着时尚的风格，又彰显着设计者强烈的个人色彩。

Tips
Shad Thames，London SE1 2YD　地铁Tower Hill站出站　087-0833-9955　7英镑

19 千禧桥
适合观景的步行桥

造型优美的千禧桥是泰晤士河上众多桥梁中第一座步行桥，现在已经成为伦敦的著名景点，也是相当好的拍照留影地。这座桥梁从高空俯瞰酷似汉字"人"，有着简洁明快的造型，桥身纤细而优雅，洁白的色彩更增添了华美的气息。漫步在千禧桥上可以俯瞰奔流不息的泰晤士河，并将周围繁华的都市风景尽收眼底。这座桥在夜间会亮起五彩的霓虹灯，闪烁出的光芒令人惊叹不已。

Tips
伦敦 EC4（北岸）to SE1（南岸）　乘黄色Circle线、绿色District线在Mansion House站出站

20 伦敦博物馆
了解伦敦的历史 ★★★★ 赏

伦敦博物馆内设有各种主题展览，游客可以在博物馆的玻璃廊中游览到伦敦从史前直至今日的历史。这里的展品要归功于考古学家兼博物馆工作人员的辛勤劳动，他们深入工地提取和保护所有有关伦敦历史的物件和遗迹。此外，游人在这里还可以看到罗马密特拉神庙里的雕塑、17世纪齐普赛街的珠宝首饰、伦敦大火灾（1666年）的透视画、西门监狱的门、19世纪的商店和店内摆设、市长的马车等。

Tips
- 150 London Wall, London EC2Y 5HN
- 020-7001-9844 ¥ 免费 周一至周六10:00—17:50；周日12:00—17:50，12月24日—26日及1月1日关闭 乘4、8、25、56、100、172、242路公交车可达

21 圣巴塞罗缪教堂
历史悠久的教堂 ★★★★ 赏

位于伦敦历史最悠久的Smithfield区的圣巴塞罗缪教堂始建于1123年，是伦敦为数不多的犹太教堂之一，这幢外观朴素的教堂不仅历史悠久，而且还陈列有本杰明·富兰克林曾经使用过的印刷机。

Tips
- Little Britain 020-7606-5171 ¥ 4英镑

英国攻略

伦敦·伦敦塔

091

英国攻略HOW

Part.5 伦敦·海德公园

占地146公顷的海德公园是英国最大的皇家公园，这里原本是英国王室狩鹿的猎场，公园北侧则是著名的演说角，南侧还有一座骑兵营，经常能见到骑兵在公园内驯马。骑士桥站周围名品旗舰店林立，是伦敦知名的奢侈品购物区。

伦敦·海德公园 特别看点！

第1名！ 海德公园！ 100分！

★ 最大的皇家公园，英国最知名的公园之一！

第2名！ 肯辛顿花园！ 90分！

★ 气氛轻松的皇家园林，绿意盎然的休闲园林！

第3名！ 摄政街！ 75分！

★ 伦敦首屈一指的购物街！

01 海德公园 100分！
伦敦城里一片奢侈的绿地 ★★★★★ 玩

Tips
- Westminster, London W2 2
- 免费
- 全天
- 乘2、8、9、10、12、14、16、19、22、36、38、73、74、82、94、137路公交车或地铁至 Hyde Park Corner, Marble Arch站，出站即达

位于伦敦中心的海德公园是伦敦最大的皇家公园，海德公园历史上曾经是英国国王的鹿场，后来又成为赛车和赛马的场所，16世纪后期开始向伦敦民众开放。海德公园内有著名的皇家驿道，道路两旁巨木参天，整条大道就像是一条绿色的"隧道"。公园中有森林、河流、草原，绿野千顷，静谧悠闲，园内还有一座维多利亚女王为其夫艾伯特亲王所建的纪念碑。海德公园19世纪末始成为英国人的集会场所，在它的东北角拱门边辟出一块"讲演者之角"，既无讲坛也没有灯光，讲演者自带设备。每周日讲演者可在这里发表各种政见，内容五花八门，有的讲述对某些国际问题的看法，还有的宣扬某种宗教和艺术等。每年夏天是海德公园最热闹的季节，经常有一种叫"无座音乐会"的活动在这里举行。场地里没有座位，听众们可以一边散步一边聆听乐队的演奏，还可以跟着音乐的节拍跳舞。每当音乐会举行时，海德公园简直成了音乐的海洋。

02 威灵顿拱门

纪念威灵顿公爵对拿破仑战争的胜利 ★★★★ 赏

Tips

📍 Hyde Park Corner,London W1J 7JZ
📞 020-7930-2726 ¥ 3.2英镑 🕙 10:00—17:00 🚇 乘蓝色Piccadilly线至Hyde Park Corner站1号出口，出站即达

乔治四世国王于1825年规划建造的威灵顿拱门由Decimus·Burton设计，原名宪章拱门，与海德公园东北角的大理石拱门同为纪念威灵顿公爵在滑铁卢战役中打破拿破仑而建。同时，威灵顿拱门还作为白金汉宫的外门，于1882年迁徙至现今的位置，在拱门顶端安置有全欧洲最大的铜像，包括和平天使、战车和4匹充满动态的奔马造型。在威灵顿拱门内有3层楼的展示区域可以让游客了解拱门的历史，或是搭乘电梯到拱门上的阳台俯瞰整个皇家公园和国会大厦。

03 肯辛顿花园

90分!

景色优美的古老园林 ★★★★ 玩

肯辛顿花园是在1841年开放的，原来是肯辛顿宫的旧有庭园，现在花园的东面已经并入了海德公园，但是整体设计却比海德公园更为正式。

花园里有林荫道以及古老碎石改建的洼地公园，它是由3个花坛形成的矩形围住中央的小池塘，于1909年建造，位于花园的东边。花园里的步道是由菩提树围成。这里景色优美，阳光灿烂的时候，漫步在花园里，顿感神清气爽。花园里还有一个圆塘，是1728年开建的，位于肯辛顿宫的东面，圆塘周边热闹非凡，经常会有很多的儿童以及船模爱好者来这里放模型船。点点的小船飘荡在水面上，非常引人注目。

Tips

📍 Kensington Gore Road,London SW7 📞 020-7298-2000 ¥ 免费 🕙 6:00—24:00 🚌 乘12、94路公交车至Bayswater Road；乘地铁中心线路至Queensway，下车即可

英国攻略 · 伦敦·海德公园

04 肯辛顿宫

●●● 戴安娜亡故前在伦敦的住所　★★★★ 赏

Tips
- 202-220 Cromwell Road, London W8 4PX
- 087-0751-5170　12英镑　11月1日至2月28日10:00—17:00；3月1日至10月31日10:00—18:00　乘12、94路公交车至Bayswater Road；乘地铁中心线路至Queensway，下车即可

　　肯辛顿宫位于肯辛顿花园的西侧，是戴安娜亡故前在伦敦的住所，一直到现在仍有民众献花凭吊。目前肯辛顿宫中State Apartments部分对外开放，其中包括维多利亚女王受洗的房间和1760年迄今的皇室宫廷服饰展览。

　　肯辛顿宫原为诺丁汉豪宅，由威廉三世与玛丽皇后在1689年时买下作为皇宫，之后一直是英国皇室的住所，从乔治三世开始皇室才迁至白金汉宫的前身白金汉屋。

　　肯辛顿宫提供免费的录音导览设备，每个房间都有详尽的解说，其中丰富的皇室服饰收藏让人大开眼界，包括玛丽女王的结婚礼服、伊丽莎白二世女王的家居服和礼服，当然还有许多华丽至极的配饰。想象一下，衣香鬓影的上流聚会中，仕女绅士与王宫贵族身着豪华宫廷服，轻声细语地说着英国腔，仿佛来到电影情景中。此外，国王廊精致的17世纪绘画极品也是参观的重点。

05 皇家艾伯特演奏厅

●●● 伦敦城内最古老的音乐厅　★★★★ 娱

　　从1871年开始启用的皇家艾伯特演奏厅是一幢外观仿罗马圆形大剧场的红砖建筑，迄今已有140余年历史，是伦敦城内历史最悠久的音乐厅，在周围众多建筑中颇为引人注目。最初艾伯特演奏厅曾被计划作为艺术科学展厅，落成后为纪念维多利亚女王去世的丈夫艾伯特而更名为艾伯特演奏厅，与演奏厅毗邻的艾伯特纪念馆建于1876年。这里经常举办各种音乐活动，每年夏季举办的Proms音乐会不仅有古典音乐演出，还有大量摇滚及流行音乐会，吸引了众多喜爱音乐的年轻人。

Tips
- Kensington Gore, London SW7 2AP　084-5401-5045
- 含2名成人和3名儿童的家庭套票25英镑　9:00—21:00　乘9、9A、10、52路公交车即可到达

06 科学博物馆

●●● 欧洲最大规模的科技博物馆之一　★★★★ 赏

伦敦科学博物馆位于伦敦南肯辛顿区，它是欧洲大型的科技博物馆，建于1909年，前身是南肯辛顿博物馆。

科学博物馆是集自然科学、科学技术、农业、工业和医学为一体的综合性博物馆，博物馆内设有70个展览室，约有20万件物品，分成7层展示，这些展出物品代表了人类生活的各种发现和发明，从塑胶袋、电话到海外钻油设备和飞机，无所不有。一层第一厅展出有瓦特发明的蒸汽机以及水轮、风车、内燃机等动力机械，六台大型蒸汽机每日演示两次。第二厅为电力展厅，有一套100万伏的放电装置表演人工闪电，是馆内最精彩的实验项目。二层前厅展出钢铁工业、玻璃工业机床与工具，以及纺织机械、打字机和印刷机械。三层前厅是物理、化学机械展厅，中厅是数学和计算机展厅，后厅船舶大厅展出船舶史、各国船舶、造船厂模型和轮机等。

顶层展出有关光学、电磁、地震观测、通讯和航空方面的内容。航空大展厅中有飞机和火箭实物，还有18世纪前后的物理和化学实验用具，是博物馆里最珍贵的文物，一直受到世界各国学者和专家的重视。地下室还设有儿童展览室，陈列着多种专门设计的设备和模型，这里可以放映科学电影和举办通俗科学讲座。地下室还展出各种家用器具、点火器和照明器具等日常生活用品。

Tips
🏠 Exhibition Road, London SW7 2DD
☎ 087-0870-4866　¥ 常设展免费，IMAX 成人7.5英镑，学生6英镑　⏰ 10:00—18:00；12月24日至26日关闭　🚌 乘9、14、10、49、52、74、345路公交车即达；乘C1地铁至South Kensington站，下车即达

07 自然历史博物馆

●●● 伦敦最具趣味的博物馆　★★★★ 赏

自然历史博物馆被认为是伦敦最具知识性和趣味性的博物馆，这里主要分成生命馆和地球馆两个部分。在生命馆里通过各种标本展示了从微生物到人类的进化过程，同时加强了游客和展品的互动。这里设有一台恐龙模拟机，游人可以在这儿感受一下巨大的恐龙是如何行动的。在地球馆里能亲身感受到地震、火山等灾难来临时的感觉。同时，这里所描绘的维多利亚时期的伦敦街景非常美丽动人。

Tips
🏠 Cromwell Rd., London, United Kingdom SW75BD, United Kingdom　🚇 乘地铁C1号线在Cromwell Road站下车　☎ 020-7942-5000

08 摄政街 75分!
伦敦首屈一指的购物街

Tips
🏠 Regent Street，London 🕐 全天开放 🚇 乘地铁至Marble Arch站，出站即达

与牛津街中心垂直相交的摄政街虽然同是伦敦首屈一指的购物街，但与毗邻的牛津街相比却完全是另一番风景。在19世纪的维多利亚时代，摄政街是当时的皇亲国戚及上流社会的购物街，直至现在仍然是传统伦敦人常去的街区。在摄政街蜿蜒曲折的街巷上林立着琳琅满目的各式店铺，最具英国传统的瓷器店Wedgwood和银器店Mappin & Webb，以及Liberty百货都设在这条街上。沿街走过的行人绅士打扮，与那些英伦风情浓郁的商铺一同令人宛若回到19世纪的维多利亚时代。每年圣诞节前，摄政街上都会举行亮灯仪式，到了新年或是夏季打折季，更是人满为患、寸步难行。

必玩 01 Whittard of Chelsea
知名连锁茶店

在伦敦喝下午茶是一种舒适的享受，Whittard of Chelsea是一家知名的连锁茶店，号称伦敦的国民茶屋，在伦敦很多地方都有分店。这里素以出售优质的茶叶、咖啡和热巧克力闻名。这里出售的饮品口味丰富，适合每一个人。只要在这里花上几英镑，就可以享受到自己泡茶的乐趣。

必玩 02 足球舞台
球迷们的最爱

足球舞台是摄政街很具特色的一家商店，这里专营各种足球周边商品，除了英超各球队的球衣、球鞋、臂章、围巾等物品外，还会提供伦敦主要的四家俱乐部的小熊玩偶，它们都身着相对应球队的球衣，表情生动可爱，即使是非球迷的女孩子看了也会非常喜欢。

必玩 03 Waterford Wedgwood
首屈一指的瓷器店

Waterford Wedgwood是英国首屈一指的瓷器制造商，这家店有着250多年历史，是欧洲最古老的精品瓷器销售店，以各种骨瓷制品而闻名。Waterford Wedgwood的总店就位于摄政街上，人们在这里可以选购一些制作精美的骨瓷茶具，用来馈赠亲友是再好不过了。

09 维多利亚和艾伯特博物馆
世界上最伟大的艺术与设计博物馆 ★★★★ 赏

Tips
- V&A South Kensington, Cromwell Road, London SW7 2RL
- 020-7942-2000
- 免费
- 10:00—17:45，周一12:00—17:45
- 乘C1、14、74路公交车至Cromwell Road站；或乘地铁至South Kensington站，下车即达

维多利亚与艾伯特博物馆创立于1852年，是世界上最伟大的艺术与设计博物馆，馆内收藏了世界上最多的装饰艺术品。博物馆起初定位在实用的工艺美术和艺术品的位置，1860—1880年，博物馆涉及科学的展品被移到其他地方。1899年，伊丽莎白女王为博物馆的馆址举行奠基礼，并正式更名为维多利亚和艾伯特博物馆，以纪念英国历史上伟大的君主——维多利亚女王和她的夫婿艾伯特亲王。

维多利亚和艾伯特博物馆内的展示空间共分为4层楼，有印度、中、日、韩等多国历史文物，其中印度文物收藏号称全世界最多，韩国文物年代则可追溯至公元300年。服装展示区也相当有趣，从马甲上衣、撑架蓬蓬裙到现代时尚服饰，从17世纪初的方巾帽到19世纪的大型花边帽，所有服饰配件的演进与潮流，在这里都有实品提供完整的说明。此外，博物馆内附设的摄影艺术馆也相当著名，1858年就举办了第一届摄影展，经常展出不同名家的作品。

10 Hamleys
世界上最大的玩具店 ★★★★ 买

创立于1870年的Hamleys百余年来一直是伦敦最受欢迎的玩具店。在Hamleys总共7层楼的营业空间中，有积木、赛车、填充玩具、洋娃娃、水枪、玩具兵等传统玩具，也有诸如PS3、XBOX360等最流行的游戏机。在总计超过4万种不同种类的玩具中，最受欢迎的则是经久不衰的泰迪熊以及各式布偶。

Tips
- 188-196 Regent Street,London W1B 5BT
- 087-0333-2455
- 周一至周五10:00—20:00，周六9:00—20:00，周日12:00—18:00
- 乘地铁至Piccadilly Circus站，出站后步行约10分钟即达

11 利百代百货

● ● ● 现代精致生活

★★★★

Regent Street, London W1B 5AH　020-7734-1234　10:00—20:00，周四10:00—21:00，周六10:00—19:00，周日12:00—18:00　乘地铁至Argyll Street站的6号出口，出站后步行约5分钟即达

地处摄政街与牛津街之间Great Marlborough Street上的利百代百货，位于一幢建于1924年的都铎式木造建筑内，拥有百余年历史的利百代百货创立于1875年，从开业之初就提出了"创造现代精致生活"的经营思想，在百余年的时间里一直坚持着创始人Arthur·Liberty的理念，与众多时尚设计师不断合作推出自己的品牌服饰。此外，利百代百货内还有许多世界知名品牌的服饰、配件、保养品和礼品、家具、古董等商品，充满奢华精致的英国风范，吸引了众多追求精致生活品位的人们在这幢古典雅致的建筑前驻足选购。

12 哈维·尼科尔斯百货

● ● ● 引领时尚的百货公司

★★★★

109-125 Knightsbridge, London SW1X 7RJ　020-7235-5000　周一至周六10:00—20:00，周日12:00—18:00　乘地铁至Knightsbridge站，出站后步行2分钟即达

创立于1813的哈维·尼科尔斯百货最初是一家亚麻布店，二百余年来经过不断扩张和经营者的数度易手，现今已经成为香港商人的产业，在英国各大城市和海外都开设有分店。虽然毗邻世界闻名的哈罗兹百货，但哈维·尼科尔斯百货的消费群体更加偏向年轻人，店内装饰简约时尚，店内的服饰等商品则定位于追求精致生活品位的成功人士，各种家居饰品也颇为吸引年轻人，堪称是一处引领时尚的百货公司。

13 哈罗兹百货

英国顶级的奢华购物名店

创立于1849年的哈罗兹百货最初是由Henry C. Harrod经营的一家小杂货店，经过百余年的发展，现今雄伟的哈罗兹百货拥有7个楼层的营业面积，从服饰、钢琴、自制纪念品到水上摩托等品类繁多的顶级商品应有尽有，甚至还提供特调化妆品和香水，以及订制自行车、运动鞋、玩具和珠宝等个性化服务。哈罗兹百货最吸引人的是商场前老板埃及富豪法耶兹之子与戴安娜王妃的纪念喷泉，两人于1997年殒命巴黎后，法耶兹特意在这里修建了喷泉以纪念二人，同时这里也是哈罗兹百货内唯一可以拍照的地方。

Tips
- 87-135 Brompton Road, London SW1X 7XL
- 020-7730-1234
- 周一至周六 10:00—20:00，周日12:00—18:00
- 乘地铁至Knightsbridge站，出站后步行2分钟即达

英国攻略 | 伦敦·海德公园

英国
攻略HOW

Part.6 伦敦其他

英国攻略 伦敦其他

伦敦其他 特别看点！

第1名！
邱园！

100分！
★ 规模宏大的皇家植物园！

第2名！
皇后之屋！

90分！
★ 收藏了大量以航海冒险为主题的风景画！

第3名！
杜莎夫人蜡像馆！

75分！
★ 全世界水平最高的蜡像馆之一！

01 蛇形画廊
欣赏知名艺术家的作品　★★★★ 赏

Tips
- Kensington Gardens, London W2 3XA
- 020-7402-6075　免费　10:00—18:00
- 乘9、10、52、452路公交车从KE站向西，右方出现艾伯特亲王纪念塔后在皇家艾伯特厅站下车，步行约5分钟即达

　　蛇形画廊成立于1970年，全名为现代与当代艺术特展展场，画廊位于1934年兴建的茶厅内，因毗邻附近的蛇形湖而得名。从2000年开始，每年夏天蛇形画廊都会委托扎哈·哈迪德、伊东丰雄、雷姆·库哈斯等世界级的建筑师在草坪上修建一座暂时性的凉亭。画廊内展出过亨利·摩尔、安迪·沃霍尔、Man Ray以及当代艺术家Damien Hirst、Matthew Barney等人的作品。此外，蛇形画廊外还有一处用来纪念画廊赞助人戴安娜王妃，是由诗人艺术家Ian H. Finlay创作的作品，包括8张长凳、一座石雕以及镶嵌在地面上、刻有肯辛顿公园内各种树木名称的圆形石盘。

02 艾伯特亲王纪念塔

● ● ● 华丽的哥特式纪念塔 ★★★★ 赏

Tips
🏠 Princes Gale,Kensington Gore,London W8　☎ 020-7495-0916　¥ 4.5英镑　🕙 10:00—18:00　🚌 乘9、10、52、452路公交车从KE站向西,右方出现艾伯特亲王纪念塔后在皇家艾伯特厅站下车即达

维多利亚女王的丈夫艾伯特亲王在42岁时因伤寒早逝,女王为纪念丈夫而修建了哥特式风格的艾伯特亲王纪念塔。外观庄重华丽的艾伯特亲王纪念塔外围四个角落的大理石群像代表了亚洲、非洲、欧洲与美洲大陆,基座上的带状装饰刻画了187个画家、诗人、雕塑家、音乐家与建筑师的形象,更高一层的4个雕像则代表了制造业、商业、工程与农业,顶端则装饰有镀金的天使铜像,既赞颂了维多利亚时代大英帝国的成就,也记述了艾伯特亲王生前的个人兴趣与爱好。

03 萨默塞特宫

● ● ● 伊丽莎白一世居住的宫殿 ★★★★ 赏

Tips
🏠 Strand,London WC2R 1LA　☎ 020-7845-4600　¥ 8英镑　🕙 10:00—18:00　🚌 乘黄色Circle线、绿色District线至Temple站,出站后步行约10分钟即达

由爱德华·西摩爵士于1547年修建的萨默塞特宫曾是伊丽莎白一世居住的宫殿,之后曾作为皇家机构所在地几经扩建,宫殿中庭的喷泉建于20世纪末,冬季时会作为溜冰场开放,吸引了众多游人。萨默塞特宫拥有考陶尔德学院画廊、吉尔伯特珍藏馆和艾尔米塔奇房间等三处展馆,其中考陶尔德学院画廊内展示有马奈的《费里·贝尔杰酒吧》、老卢卡斯·克拉纳赫的《亚当与夏娃》等艺术珍品,均堪称镇馆之宝,此外还有大量印象派与后印象派的画作,和米开朗基罗、伦勃朗、塞尚等人的草稿与版画作品。吉尔伯特珍藏馆内陈列有大量金银器皿、珐琅、马赛克等工艺品,游人在萨默塞特宫参观之余,可以在河畔露台咖啡座小憩片刻,欣赏泰晤士河畔的风光,享受这难得的闲情逸致。

04 国家肖像馆

●●● 英国名人的肖像画 ★★★★ 赏

国家肖像馆是英国的肖像艺术画廊，坐落在伦敦特拉法加广场旁边，英国国

Tips
📍 St Martin's Place, London WC2H 0HE
☎ 020-7306-0055　¥ 免费　🕘 10:00—18:00；
12月24日至26日闭馆；每天闭馆前45分钟谢绝入内
🚇 乘地铁至Charing Cross站，出站即达

家美术馆的北侧，每年国家肖像馆都会组织"BP肖像艺术奖"的活动。
自1856年起，肖像馆向社会公众开放。肖像馆收集了历史上重要的和著名的英国人的画像，馆藏包括照片、绘画、素描与雕塑等创作形态，收藏的肖像则包含了亨利七世、莎士比亚、伊丽莎白二世等英国各领域的名人。

05 福尔摩斯博物馆

●●● 世界闻名的名侦探"住所" ★★★★ 赏

Tips
📍 221b Baker Street, London NW1 6XE
☎ 020-7935-8866　¥ 成人6英镑，16岁以下4英镑，4岁以下免费　🕘 9:30—18:00　🚇 乘地铁至Baker Street站，步行至Marylebone即可

福尔摩斯博物馆位于伦敦贝克街221号B，绿色的门脸和招牌都很显眼，与小说中写的完全一样，据说，这所房子最初建于1815年，在1860年—1934年间，是作为供出租的房舍登记的。而小说中的福尔摩斯则是于1881年—1902年间居住在这里。后来，有人买下了这所房子，但直到1990年，才正式建立了这个在世界上也许是独一无二的博物馆。

博物馆的结构与小说中完全一样，就连从底层到一层的楼梯数都与小说中讲的一样——17级，相同的结构加上精心的布置，使来参观的人如同置身于小说的场景之中。在间福尔摩斯与华生合用的书房里，壁炉中火烧得正旺，靠近房门的地方是华生医生的写字台，写字台前的椅子上放着一个打开的医生用的皮包，里面放满了医生用的钳子之类的医疗器械。书房的中间，是福尔摩斯和华生医生相对而坐的沙发椅，而书房的另一角，就是小说中让人难以忘记的福尔摩斯的"化学实验室"。二楼原来是华生医生的卧室，现在和三楼一起，全都陈列着小说中的一些著名人物的蜡像。尤其有意思的是，在许多人心中，福尔摩斯这样一个虚构的人物并未死去。博物馆中陈列的一些来信选辑就是证明，里面各国来信都有，除了问候类的之外，甚至还有为某些案子而求助于福尔摩斯的。

博物馆的对面有一家专门出售与福尔摩斯有关的纪念品的商店，店员都穿着福尔摩斯时代的典型服装坐在店里，再转一个街口，人行道上一座福尔摩斯的全身铜像高高地站在那里，令每一个来到贝克街的游人都感受到这里浓郁的"福尔摩斯"气氛。

06 华莱士收藏馆

● ● ● 古典艺术的宝库 ★★★★ 赏

Tips
🏠 Hertford House, Manchester Square, London WIU 3BN ☎ 020-7563-9500 ¥ 免费 ⏰ 10:00—17:00 🚇 乘红色Central线、灰色Jubilee线至Bond Street站，出站后沿牛津街向西步行约10分钟即达

位于曼彻斯特广场的华莱士收藏馆是一幢古色古香的建筑，18—19世纪期间，赫尔福德侯爵及其子理查德·华莱士伯爵热衷于收藏各种古董和艺术品，1897年，爵士的遗孀将其全部捐出，摆放在侯爵豪宅内供人免费参观。游人在华莱士收藏馆内可以欣赏到17—19世纪荷兰、法国的油画作品，其中不乏提香、鲁本斯、伦勃朗等人的名作。此外还有大量16—19世纪英法画家绘制的水彩与迷你画像，中世纪和文艺复兴时期的雕塑、家具、盔甲武器以及大量金银铜器和珠宝、珐琅、玻璃、瓷器等工艺品，宛如一座宫殿艺术的宝库，令人流连忘返。

07 杜莎夫人蜡像馆 75分!

● ● ● 全世界水平最高的蜡像馆之一 ★★★★ 赏

Tips
🏠 Marylebone Road, London NW1 5LR ☎ 087-1894-3000 ¥ 蜡像馆：成人9.75英镑，16岁以下6.75英镑，老人6.95英镑；天文馆：成人5.85英镑，16岁以下3.85英镑，老人4.5英镑；联票：成人12英镑，16岁以下8.05英镑，老人9.25英镑 ⏰ 周一至周五10:30-17:30，周六、周日9:30—17:30；休馆日12月25日 🚇 乘地铁至Baker St.站，出站即达

杜莎夫人蜡像馆是全世界水平最高的蜡像馆之一。杜莎夫人是法国一位杰出的艺术家，以制作蜡像而闻名。1835年她74岁高龄时，在伦敦建立了第一间蜡像馆。

进入蜡像馆后首先来到花园派对展览区，可以看到许多运动和影视明星的蜡像，接着便来到蜡像制作工作室，这里播放制作蜡像过程的录影片，以及相关的模型等。

杜莎夫人蜡像馆的蜡像经常令人真假难分，蜡像馆会在游客出入的地方放置蜡像，常常制造出令人吃惊的有趣效果。杜莎夫人蜡像馆的最大特色还有精心营造出的各种情境，其中以恐怖屋最为出名，在阴森灰暗的地牢中展示各种犯罪行为，包括伦敦知名的开膛手杰克。大厅中聚集着各国领袖、知名人物以及所有皇室成员，如戴安娜王妃虽独自站在大厅的一角，但仍然是众人注目的焦点。杜莎夫人蜡像馆的最后一站"伦敦精神"，则是通过用乐园电动车的方式介绍伦敦400年来的历史，以伦敦从鼠疫、浴火重生至现今的现代化，来呈现所谓的伦敦精神。

08 狄更斯故居

维多利亚时代文学天才的故居

★★★★ 赏

维多利亚时代英国文坛巨匠狄更斯于1837—1839年居住在伦敦的寓所，现今已经成为一所世界知名的狄更斯博物馆，并于

Tips
📍 48 Doughty Street, Camden Town, London WC1N 2 ☎ 020-7405-2127 🕐 周一至周六 10:00—17:00，周日、节日休馆 🚇 乘45、19、38、55、17路公交车；乘地铁Russel Square、Charcery Lane至Holborn站，出站即达

1925年对公众开放。狄更斯故居共分4层，展示了一些绘画作品的珍藏版本、当时的家具，以及狄更斯的手稿、书信、相片及其他私人的物品。游人甫一进门就可感受到浓郁的维多利亚风情扑面而来，吸引了全球各地的狄更斯书迷来到这里感受这位维多利亚时代文学天才当年的生活状态。

09 圣詹姆斯宫

19世纪前的英国王宫

★★★★ 赏

Tips
📍 Westminster, London SW1A 1

由英王亨利八世于1532年建造的圣詹姆斯宫从1678年开始，直至1837年搬迁至白金汉宫前，一直是英国历代王室所在地。隐匿于狭窄小巷内的圣詹姆斯宫外观并不显眼，在周围纷杂混乱的环境中，游客若非看到守卫在大门前的近卫军，否则恐怕从门前经过也不会意识到这里曾经是英国国王的宫殿。圣詹姆斯宫的宫殿正门是醒目的都铎式门房，门上的菱形时钟十分新奇有趣，吸引了众多游人拍照留念。

10 温布利球场

英格兰的足球圣殿

★★★★ 赏

始建于1923年的老温布利球场以其源自印度新德里总督府的标志性双塔而闻名，作为英格兰队的永久主场，温布利在近百年的时间里见证了英格兰足球的所有辉煌时刻。直至

Tips
📍 Wembley Hill Road, Brent, London HA9 8 ☎ 084-5748-4950

今日，1966年世界杯冠军、英格兰队队长鲍比·摩尔的雕像依旧在体育场外屹立着，让人不得不对这座体育场肃然起敬。全新的温布利体育场有一座133米高的拱门、滑动屋顶、球场和9万个座位。和世界其他球场不同，在温布利比赛有着某种特殊意义——无数伟大足球运动员的巅峰时刻就是在温布利宏伟的双塔下展现的，此外，温布利还是2008年北京奥运会火炬传递过程中伦敦站的起点。

11 Simpson's Tavern 吃
●●● 隐匿在小巷中的美味餐馆 ★★★★

开业于1757年的Simpson's Tavern是一家隐匿在小巷内、充满维多利亚风情的美味餐馆。在充满古朴风韵的老房子内，食客可以坐在中庭内品尝到炖牛尾、烤牛肉、炖五花肉配芥末、牧羊人洋芋肉酱派、家常布丁等英国传统美食，搭配上餐馆内提供的法国有机葡萄酒，堪称是一次令人心情愉悦的美食体验。

Tips

📍 Ball Court,38 1/2 Cornhill,London EC3V 9DR ☎ 020-7626-9885 🍴 酒馆：周一至周五11:30—15:30；餐厅：周一至周五12:00—15:00 🚇 乘地铁至Monument站，出站后步行5分钟即达

12 Bibendum 吃
●●● 伦敦顶级的法式餐厅 ★★★★

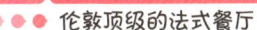

开业于1987年的Bibendum位于1909年修建的米其林屋内，轮胎人造型的彩色玻璃窗颇为引人注目，是伦敦顶级的法式餐厅之一。一层有咖啡吧和生蚝吧，提供各种生蚝、贝类和鱼子酱等品质绝佳的海鲜。楼上的餐厅提供各种制作精美的法国料理，不论前菜、主菜还是甜品都有超过10种选择，餐厅内精心挑选的酒单更是获得食客的一致好评。

Tips

📍 Michelin House,81 Fulham Road,London SW3 6RD ☎ 020-7581-5817 🍴 午餐周一至周五12:00—14:30，周六和周日12:30—15:00；晚餐周一至周五19:00—23:00，周六19:00—23:30，周日19:00—22:00 🚇 乘地铁黄色Circle线、绿色District线、蓝色Piccadilly线至South Kensington站，出站后步行10分钟即达

13 摄政公园 玩
●●● 19世纪风格的大花园 ★★★★

摄政公园又叫做丽晶公园，位于伦敦的市中心，由知名建筑师约翰·纳什于1811年设计，是伦敦最大的可供户外运动的公园。摄政公园是一座19世纪风格的大花园，因此也是伦敦最新、最堂皇，也最多风貌的公园，原先的构想是要建立一座供摄政王消闲娱乐的行宫，计划中包括至少56栋古典式别墅、摄政王夏日别馆、供奉英格兰伟人的伟人祠等，想建造一个完美的花园都市景观。但最后受限于经费只盖了8栋别墅并无行宫，而且直到1838年才对外开放。

摄政公园内的园中步道植满绿树，水池边有杨柳随风摇曳生姿，位于公园北角的伦敦动物园饲养了各种动物，每次都会用告示牌来宣布新生命的到来。夏天的时候还可以把这里当成是露天剧场，以天然的林木为背景欣赏莎翁名剧。摄政公园早已经成为一座别出心裁的公园。

Tips

📍 Regent's Park Station, London Underground Ltd., Marylebone Rd, London NW1 5HA ☎ 084-5748-4950 💰 摄政公园：免费；伦敦动物园：成人13英镑，3至15岁的青少年9.75英镑 🕐 摄政公园：5:00至日落；伦敦动物园：3月至10月10:00—17:30，11月至次年2月10:00—16:00 🚌 乘13、18、27、30、82、113、139、274、C2路公交车可达；乘地铁至Baker Street站，下车即可

英国攻略 | 伦敦其他

14 格林威治天文台旧址

● ● ● 本初子午线0度所在地 ★★★★ 赏

Tips
🏠 Blackheath Ave, Greenwich, London SE10 8XJ ☎ 020-8312-6565 ¥ 免费 ⏰ 10:00—17:00 🚇 从市中心的Charing Cross乘火车至Maze Hill站，15分钟即达，每15分钟一班；也可以从威斯敏斯特码头坐游船到达这里，需50分钟，每小时一班

英国国王查理二世于1675年创建了格林威治天文台，1884年天文台所在地被设定为本初子午线0度所在地，此后不仅各国出版的地图以这条线作为地理经度的起点，而且也都以格林威治天文台作为"世界时区"的起点，用格林威治的计时仪器来校准时间。1948年格林威治天文台迁往英国东南沿海的苏塞克斯郡的赫斯特蒙苏堡，博物馆旧址被辟为国家海事博物馆，馆内陈列着早期使用的天文仪器、天文望远镜、各国设计的时钟、地球仪、浑天仪等展品，子午馆里镶嵌在地面上的铜线——0度经线，吸引着世界各地的参观者——经常可以看到游人双脚跨在0度经线的两侧摄影留念的身影，象征着自己同时脚踏东经和西经两种经度。

15 旧皇家海军学院

● ● ● 15世纪的英国宫殿 ★★★★ 赏

Tips
🏠 2 Cutty Sark Gardens, London SE10 9LW ☎ 020-8269-4747 ¥ 免费 ⏰ 8:00—18:00 🚇 在Cutty Sark for Maritime Greenwich站出站后左转，从Greenwich Church Street直行至College Approach，在校门前右转，从King William Walk再左转进入Romney Road即达

旧皇家海军学院的前身是始建于15世纪的英国宫殿，历史上的英国国王亨利八世与伊丽莎白一世都于此出生，在威廉三世执政期间由瑞恩爵士将其改建为皇家海军医院，之后在1869年皇家海军学院迁入后，直到1998年英国三军学校合一迁出，历时百余年的时间一直作为英国皇家海军学院的校址所在，现今由基金会管理的旧皇家海军学院由格林威治大学与音乐学院租用。游人在对称设计的旧皇家海军学院内可以欣赏南边的威廉国王区与玛丽皇后区的圆顶建筑，以及内部的壁画大厅和礼拜堂，其中壁画大厅曾作为海军食堂，圆顶上的壁画由James Thornhill爵士费时19年方始完成，富丽堂皇的壁画也吸引了众多游人的目光。

16 诺丁山

● ● ● 充满异国风情的浪漫爱情 ★★★★ 逛

位于伦敦西郊的诺丁山不同于古典风情浓郁的伦敦市区，而是充满异国风情，每年夏天举办的狂欢节更是令诺丁山成为一处充满奇异瑰丽风尚的狂欢会场。始于1964年的诺丁山嘉年华会以加勒比地区文化为特点，是伦敦多元文化的重要组成部分，也一直是欧洲最大规模的街头狂欢巡游。此外，诺丁山的浪漫风情每天都演绎着不同的爱情故事，其中最精彩的当属那部经典的电影——《诺丁山》，也令世人记住了这个伦敦西郊的浪漫圣地。

Tips
🏠 6-14 Kensington Church Street, Kensington, London W8 4 ☎ 020-7221-3433 🚇 乘地铁至Notting Hill，出站即达

17 国立海事博物馆
全世界规模最大的海事博物馆

> **Tips**
> 🏠 Romney Road,London SE10 9NF ☎ 020-8858-4422 💰 免费 🕐 10:00—17:00 🚇 在Cutty Sark for Maritime Greenwich站出站后左转，从Greenwich Church Street直行至College Approach，在校门前右转，从King William Walk再左转进入Romney Road即达

于1937年对外开放的国立海事博物馆是现今世界上规模最大的海事博物馆，馆内陈列以主题区分，共有20个大小不一的展示厅分布在三层楼的区域内，各种导航仪器、时钟、地图、航海图、船只模型、武器模型、勋章以及制服等超过200万件藏品分布其间，此外还有介绍历史上知名探险家、海军将领和海外贸易的相关资料，例如独臂独眼的尼尔森将军中弹身亡时穿的蓝色制服、18世纪远航新西兰与澳大利亚的航海家库克船长的画像等，涵盖了人文与自然领域，游人漫步其间宛如学习了一遍大不列颠航海史。

18 皇后之屋
闹鬼传说 90分!

> **Tips**
> 🏠 Romney Road SE10 9NF ☎ 020-8858-4422 💰 免费 🕐 10:00—17:00 🚇 在Cutty Sark for Maritime Greenwich站出站后左转，从Greenwich Church Street直行至College Approach，在校门前右转，从King William Walk再左转进入Romney Road即达

毗邻海事博物馆的皇后之屋建于1635年，在建造过程中曾历经了詹姆斯一世的王后安妮和查尔斯一世的皇后海莉塔·玛利亚时代。这座由当时知名建筑师Inigo Jones设计的典型的文艺复兴帕拉迪奥风格的建筑，由于多年来一直有人坚持说在这里看到过鬼魂，甚至还有房间闹过鬼的传说而停止使用，吸引了众多好奇的游客。抛开虚无缥缈的鬼魂故事，在皇后之屋内收藏了大量以航海冒险为主题的风景画，以及大量的都铎王朝时期的肖像画，配合建筑内部有着黑白地板的高挑大厅和有名的郁金香回旋梯，充满高贵典雅的艺术品位，令人赞叹不已。

19 邱园
规模巨大的世界级植物园 100分!

> **Tips**
> 🏠 Victoria Gate, Kew Road, Richmond, Surrey TW9 3AB ☎ 020-8332-5655 💰 免费 🕐 11月至次年3月7:30—20:30；4月至10月5:30—18:00 🚇 在市中心搭乘3、6、8、16、67路有轨电车，15分钟即达，如果从市中心步行需30分钟

英国皇家植物园——邱园位于伦敦西南部的泰晤士河南岸，始建于1759年，原本是英皇乔治三世的皇太后奥格斯汀公主的私人皇家植物园，经过200多年的发展，已扩建成为约有120万平方米的规模宏大的皇家植物园，加上1965年在距这里约50公里的苏沙斯区开辟的一个卫星植物园，它成为了规模巨大的世界级植物园。

植物园内建有26个专业花园：水生花园、树木园、杜鹃园、杜鹃谷、竹园、玫瑰园、草园、日本风景园、柏园等。园内还有与植物学科密切相关的建筑，如标本馆、经济植物博物馆和进行生理、生化、形态研究的实验室，此外还有40座有历史价值的古建筑物。经过了几百年的发展和进步，植物园已经从单一娱乐性的植物收集和展示转向植物科学和经济的应用研究。

在园内，游人不仅可以参观各种植物，夜晚还可以参加各种有趣的活动：在荷花盛开的时候，小孩可以穿上小雨靴站在水边，用手灯一朵朵地观赏睡莲晚间的开放。一年四季，植物园里都有用不同系列的花命名的活动，如"蓝铃周末"或"郁金香周末"。即使在冬天，大家也可以观察藏在树皮下面的嫩芽，体验冬天里生命特有的乐趣。

英国
攻略HOW

Part.7 温莎

伦敦以西的温莎镇最出名的就是建于11世纪末的温莎堡,历史上共有39位英国国王居住于此。

温莎 特别看点！

英国攻略 温莎

第1名！
温莎堡！

100分！

★ 女王的最爱，世界上最古老的有人居住的城堡！

第2名！
伊顿公学！

90分！

★ 世界知名的精英摇篮，英国最知名的中学！

第3名！
温莎大公园！

75分！

★ 温莎镇最大的公园，浓郁的自然气息！

---

01 温莎皇家购物中心
中央火车站旁的休闲天地 ★★★★ 买

Tips
- Windsor Royal Shopping, 5 Goswell Hill, Windsor; SL4 1RH ☎ 017-5379-7070
- 从温莎中央火车站步行即达

位于温莎中央火车站旁的温莎皇家购物中心的前身是建于19世纪的维多利亚火车站，1997年时被改建成一处购物商场，经过20年的发展现今已经拥有40余户商家进驻，其中不乏Links of London等英国知名品牌，此外还有一个美术馆和手工艺市场，众多餐厅、咖啡厅则供人逛街之余可以小憩片刻，每周拥有10余万客流量的温莎皇家购物中心也因此成为温莎的标志之一，很多人到这里并非购物，只是喝上一杯咖啡，或是在周末与朋友相聚聊天。

02 温莎镇
富有传统风貌的小镇 ★★★★ 逛

Tips
🏠 Windsor Town 🚆 伦敦滑铁卢火车站乘火车在Windsor站下

温莎镇位于伦敦以西，泰晤士河南岸，这里因为有温莎堡的存在而受人瞩目。这座小镇至今依然保持了很多英国旧时的风貌，以温莎堡为中心，四周传统的英式建筑林立，让人感觉好像进入了一个电影场景之中。这里最具特色的旅游项目当属温莎小火车，人们可以坐着火车穿梭于小镇之中，将这里的美景一览无余。

03 温莎堡 (100分!)
女王的最爱 ★★★★★ 赏

温莎堡是世界上目前最古老、最大的有人居住的城堡。古堡分作东西两大部分，东边称作"上区"，是英国王室的私宅，包括女王谒见厅、餐厅、画室、舞厅等部分。而西边的"下区"则主要是城堡的入口，这里有两座重要的教堂。这座城堡自古以来便留下了很多美丽的传说，包括温莎公爵爱美人不爱江山等，一直为人们所津津乐道。

Tips
🏠 从伦敦乘坐火车或National Express以及Green Line大巴 ☎ 017-5374-3900 ￥ 15.5英镑

必玩 01 圆塔
温莎堡中区最显眼的部分

圆塔是温莎堡中区最显眼的建筑，它为大片的玫瑰花园所围绕，完全由石材建成。这里最初是关押王室政敌的监狱，如今则主要用于收藏王室的文献资料。每年女王来到温莎堡度假时，这里都会升起代表王室的旗帜。

必玩 02 北阳台
王室成员的娱乐天地

北阳台位于王室房间的北侧，是在伊丽莎白一世时期建造的。这里连通了大部分的房间，在阳台上还覆盖了屋顶，形成一个温室，既可以种植一些植物，又能作为运动的场所，是供王室成员娱乐的好地方。

英国攻略 温莎

必玩 03 玛丽王后的娃娃屋
女孩子们向往的天堂

玛丽王后的娃娃屋是温莎堡中最具趣味的展馆，在这座娃娃屋里珍藏着很多做工精细的布偶娃娃，这些娃娃多出自名家之手，样式繁多，身上的衣服也无比华贵，屋子里还有一座温莎堡的微缩模型，十分有趣。

必玩 06 马蹄回廊
富有特色的神职人员住所

温莎堡内的建筑是英国国势从战乱到和平的一个见证，尤其是马蹄回廊。这里原本作为防御设施使用，后来改建为圣乔治礼拜堂神职人员的住所。这座砖石建筑呈马蹄状环形，在温莎堡的各个建筑中独树一帜，非常有特色。

必玩 04 国寓
温莎堡内最辉煌的部分

国寓是温莎堡内最金碧辉煌的部分，这里到处都是精美的壁画、华丽的雕塑，墙上还装饰着嘉德骑士的徽章，王室气派让人叹为观止。国寓内随处摆放着从世界各地收集来的珍贵艺术品，让人眼花缭乱。

必玩 07 方庭
温莎堡内的中心建筑群

方庭是温莎堡最重要的建筑群，这里整体为方形，一侧是王室成员的私人住宅，另一侧则是国家外交大厅，是国王过去办公的地方。如今女王在温莎堡度假的时候也会在这里接见外宾。

必玩 05 圣乔治礼拜堂
经典的哥特式教堂

圣乔治礼拜堂是温莎堡内最经典的建筑，这座15世纪的哥特式礼拜堂是历代嘉德骑士受勋的地方，教堂里有着精致的彩绘玻璃。这里也是英国王室的墓园，埋葬着十数位王室成员。

必玩 08 晚钟塔
温莎堡内最古老的建筑

晚钟塔是目前温莎堡中最古老的建筑，这座建于1227年的钟塔里存放着1487年和1689年安放的两座大钟，钟塔顶端是一个法式圆锥屋顶。钟塔里还有古老的监狱和逃生秘道，是温莎堡的防御设施之一。

04 温莎大公园　75分!
●●● 温莎镇最大的公园　★★★★★

Tips
🏠 Windsor Green Park　☎ 020-7766-7324

温莎大公园位于温莎堡的南侧，原本是过去王室贵族们骑马踏青和游乐的花园，现在则是温莎小镇最大的公园。公园里森林、草地、河流、湖泊等要素无一不全，充满了浓郁的自然气息。在公园里可以看到英王乔治三世的塑像，可以前往查尔斯王子和卡米拉邂逅的地方一游，是人们探古看景的最佳场所。

05 伊顿镇
宁静的小镇 ★★★★ 逛

Tips 📍 Eton Town

伊顿镇和温莎镇紧紧相连，甚至难分彼此。在当地英国人中有"温莎堡墙内是温莎镇，出了墙就是伊顿镇"之说。小镇仅有人口4000人，在很大程度上保留了英国古典的风貌。除了世界闻名的伊顿公学外，这里也是一处访古的好地方，其幽静轻松的生活就吸引了很多人。

06 伊顿公学 90分！
英国最有名的男校之一 ★★★★ 赏

英国最有名的男校之一的伊顿公学坐落在英格兰温莎，泰晤士河的河边，与女王钟爱的温莎堡隔泰晤士河相望。伊顿公学于1440年由亨利六世创办。亨利六世之所以将它命名为"公学"，本意是为了贫穷学生也能入校学习，但随后王室贵族子弟纷纷入学，形成一种高贵的氛围，后公学成为进入剑桥大学国王学院的预备学校，到17世纪学校逐渐成为一所名校。伊顿公学以其培养的高素质学生、古老的传统和非常特别的校服而备受人们关注，又以"精英摇篮"、"绅士文化"而闻名世界，是英国王室、政界经济界精英的培训之地，这里曾造就过20位英国首相，培养出诗人雪莱、经济学家凯恩斯，也是英国王子威廉和哈里的母校。伊顿的规矩使它显得处处与众不同，不论你是权贵之后，还是出身富贾世家，进了伊顿都得遵守校规，所有学生一律平等。伊顿公学学生的成绩都十分优异，伊顿每年250名左右的毕业生中，会有70余名进入牛津大学或剑桥大学，70%进入世界名校，被公认是英国最好的公学。

Tips 📍 Eton College,Windsor,SL4 6DW ☎ 017-5367-1249 ￥ 成人5英镑，8岁以下免费

英国攻略 · 温莎

英国
攻略HOW

Part.8 剑桥

剑桥拥有古老的学院、宽阔的草坪，微风轻拂过剑河，充满静谧安详的味道，是一处美丽的大学城。

剑桥 特别看点！

第1名！
国王学院！

100分！

★ 国王资助的学院，剑桥大学最著名的学院之一！

第2名！
三一学院！

90分！

★ 剑桥大学规模最大的学院，参观牛顿的苹果树！

第3名！
圣约翰学院！

75分！

★ 医院改建的学院，剑桥第二大学院！

01 大圣玛丽教堂
剑桥大学的主教堂 ★★★★ 赏

Tips 📍 Market Square ☎ 012-2374-1716 ¥ 2.5英镑

大圣玛丽教堂位于剑桥市中心，位于国王学院礼拜堂的对面，是剑桥大学的教堂。这里规模虽并不大，但却不能掩盖其恢弘的气势，高高的拱廊和垂直线条的窗户都十分精美。这里最著名的是每天准时敲响的钟声，甚至连大本钟的钟声都是模仿自这里。如果运气好的话，还能看到敲钟表演。

02 剑桥市集广场

剑桥最古老的集市 ★★★★ 逛

Tips
🏠 Market Square ☎ 012-2345-7446

市集广场是剑桥最古老的集市之一，至今已经有几个世纪的历史了。广场位于剑桥很多名胜的包围之中，平日里这里摆满了最新鲜的果蔬、二手货和日用品，到了周末，这里就会有大量的摊位，从手工艺品、古玩到各色小玩意儿不一而足。是当地人和外地游客淘宝的好地方。

03 国王学院

最有名的学院之一 100分! ★★★★ 赏

Tips
🏠 King's Parade Cambridge, CB2 1ST
☎ 012-2333-1212 ¥ 5英镑 🕘 9:30—15:30

由英国国王亨利六世于1441年设立创建的国王学院是剑桥大学最有名的学院之一，在学院中庭的绿地上还矗立着建于1879年的亨利六世青铜雕像。历史上，国王学院曾经培养了包括英国首相罗伯特·沃尔波尔、经济学家约翰·凯恩斯、计算机科学之父艾伦·图灵、画家邓肯·格兰特和中国诗人徐志摩等知名人士。游人顺着国王大道进入，首先看到的就是从1446年开始修建，历时70年才完工的礼拜堂，宏伟壮观的哥特式建筑和耸入云霄的尖塔都被誉为剑桥大学的地标建筑之一。礼拜堂的大门上镶嵌有皇冠和都铎蔷薇的纹章，殿堂内扇形的浮雕拱顶、墙壁

上的彩色玻璃都营造出一种庄严的气氛。礼拜堂中的屏隔将大厅分为前厅和唱诗席两部分，上方的管风琴箱装饰着两尊手持喇叭的天使，在祭坛后还有1634年鲁本斯为比利时白衣修女修道院绘制的《贤士来朝》装饰画。

04 剑桥书店

拥有详尽分类的书店 ★★★★★ 逛

剑桥是一座富有文化氛围的城市，是世界闻名的大学城，因此这里大大小小的书店随处可见，

Tips
🏠 1 Trinity Street ☎ 012-2333-3333

为大学生们提供学习和研究的资料。剑桥书店就位于三一学院对面，这里最让人印象深刻的就是其图书的分类，分类之细甚至比大学图书馆过之而无不及，而且学术书籍数量之多也让人惊讶，令人感叹于这里学术气息之浓厚。

05 费兹威廉博物馆

●●● 剑桥最大的综合性博物馆 ★★★★ 赏

Tips
🏠 Trumpington Street, Cambridge, CB2 1RB ☎ 012-2333-2900
¥ 免费 ⏰ 10:00—17:00，周日12:00—17:00

建于1873年的费兹威廉博物馆是剑桥大学诸多博物馆中规模最大的一处综合性博物馆，在费兹威廉博物馆内除了收藏有提香、米开朗基罗等文艺复兴时期的艺术大师，泰勒、莫奈、毕加索等印象派大师的作品外，还收藏了英国前拉斐尔派画家福特·马多克斯·布朗在1885年创作的《最后的英格兰》，这幅作品被评选为英国油画珍品第八名，吸引了众多游人驻足观赏。此外，费兹威廉博物馆内还收藏有埃及、希腊、罗马、中国等世界文明古国的众多文物，并根据不同季节举办各种不同主题的临时展览，是游人来到英国除大英博物馆外另一所不可错过的大型综合性博物馆。

06 三一学院 90分!

●●● 牛顿发现万有引力定律的地方 ★★★★ 赏

Tips
🏠 Trinity Street, Cambridge CB2 1TQ
☎ 012-2333-8400 ¥ 1英镑 ⏰ 10:00—17:00

由英国国王亨利八世于1546年修建的三一学院最为闻名的就是学院大门右侧的草坪上长着一株毫不起眼的苹果树，据说当年牛顿就是被这株苹果树结出的苹果砸在头上，进而启发他发现了万有引力定律。在三一学院大门入口处有一尊亨利八世的雕像，表情威严的亨利八世左手托着一个象征王位、顶上带有十字架的金色圆球，右手却举着一根椅子腿。相传本来国王右手中握着的是一根象征王权的金色权杖，但雕像落成后却被一个搞恶作剧的学生悄悄用椅子腿取代了那根权杖，在随后几百年的时间里却并没有任何人去取下它，一切顺其自然，吸引了众多游人对手举椅子腿的亨利八世雕像拍照留念。三一学院内图书馆的屋顶上矗立着四座石像，分别代表神学、法学、物理学和数学这四门历史最为悠久的古老学科，图书馆内的藏书包括牛顿自藏的《自然原理》初版和米尔纳的《小熊维尼》手稿等，堪称价值连城的珍品。

英国攻略　剑桥

必玩 01 学院大门
古怪的亨利八世雕像

三一学院的大门最显眼的当属一座亨利八世的雕像。有趣的是，威严的雕像左手托着一个象征王权的球，右手却举着一根椅子腿。传说是在雕像建成初期，一位爱好恶作剧的学生将原本的国王节杖偷偷换成了椅子腿，还阴错阳差地保存到了今天。

必玩 02 牛顿的苹果树
科学史上的佳话

人们对牛顿和苹果的故事早已耳熟能详，这棵苹果树就位于三一学院大门后的草坪上。传说当时牛顿就是坐在这棵树下看书，然后苹果掉落在他头上，因此就有了科学史上一段佳话。如今这棵苹果树依然枝繁叶茂，仿佛在向人们述说着当年的故事。

必玩 03 三一学院教堂
光辉照人的名人堂

三一学院教堂是1567年修建的，这座教堂虽然规模不大，但是里面却充满了学院特色。教堂的前厅就是学校的名人堂，这里存放着很多铜像，铜像下面刻着他们光辉的名字，包括伟大的科学家牛顿、英国大诗人拜伦、哲学家培根……将学院500年辉煌历史浓缩在了里面。

必玩 04 雷恩图书馆
藏书丰富的图书馆

雷恩图书馆以它的设计者雷恩爵士的名字命名，屋顶上矗立着分别代表神学、法学、物理学和数学这四大古老学科的雕塑。图书馆有着丰富的馆藏，其中牛顿所著的《自然原理》初版和弥尔纳的《小熊维尼》手稿等都是这里最引以为豪的藏品。

必玩 05 爱德华国王塔楼
设计精巧的大钟

爱德华国王塔楼是以英国国王爱德华三世的名字命名的，原本是通往国王学院的入口。在塔楼上有一座巨大的钟，每隔半个小时这里的钟就会敲响一次，数百年来从无间断，好像在提醒人们这里一直都以固定的步伐行动，如同时钟一般精确。

07 圣墓教堂
仿造圣地而建的教堂　★★★★

Tips
🅑 Bridge Street　☎ 012-2331-1602　¥ 2英镑

中世纪时十字军东征如火如荼，从异乡回归后的十字军战士们对耶路撒冷圣墓教堂的样子念念不忘，因此在剑桥仿造圣地的样子也建了一座同名的教堂。圣墓教堂外观为诺曼式，高高的穹顶被白色的灯光照射着，一种圣洁的感觉油然而生。意外的是，教堂里还有一家黄铜打磨中心，总有一些破坏这美妙景象之嫌。

08 圣约翰学院 75分!

剑桥第二大学院 ★★★★ 赏

建于1511年的圣约翰学院是剑桥第二大学院，游人进入学院大门后沿着前庭、礼拜堂、中庭一路观光之余，可以看到在圣约翰学院内，遍布都铎式詹姆斯时期的建筑，在建于16世纪和17世纪的校舍里还悬挂着学院毕业的知名校友肖像，充满古朴的历史风韵。圣约翰学院毗邻的剑河畔有两座桥，其中一座是建于1712年的厨房桥，另一座是建于1831年、模仿意大利威尼斯的叹息桥而建成的叹息桥。相传每逢有学院里的学生经过这座桥的时候，就代表考试开始的季节到来，学生们因为担心考试成绩的叹息声使这座桥得名。

Tips
Bridge Street,Cambridge,CB2 1TP ☎ 012-2333-8600 ￥3英镑 ⏰ 10:00—17:00

必玩01 学院长廊
有优美拱顶的长廊

圣约翰学院的长廊拥有优美的高耸拱顶，长廊一侧是垂直的拱门和外面翠绿的庭园，另一侧则是拱形花窗，漫步其间，可感受到曲线的美感。

必玩02 叹息桥
仿造威尼斯的叹息桥

叹息桥位于学院的旧庭与新庭之间，跨于剑河之上。这座桥的造型仿自威尼斯的著名景点叹息桥，因此这里也如此命名。桥是全封闭的，两侧有相互对称的五对用钢筋拦护的拱顶水泥框架的玻璃窗，从里面可以看到身下剑河缓缓流过的景色。

09 剑河

充满诗意的河流 ★★★★★ 赏

剑河是英国大奥希河的一条支流，这条河从剑桥流过，其两岸美丽的风光和剑桥那优雅的文学气质融合在一起，曾被很多文人所称颂。不管是英国大诗人拜伦还是中国大诗人徐志摩，都曾用最深情的词句来描绘这条河流，可见剑河在剑桥人和来过剑桥的外国人心中的重要位置。

> **Tips**
> 🏠 Magdalene Street　¥ 12英镑

10 皇后学院

数学桥连接的学院 ★★★★ 赏

> **Tips**
> 🏠 Queen's College,Cambridge CB3 9ET
> ☎ 012-2333-5511　¥ 2.5英镑　🕙 10:00—16:30

位于国王学院南侧的皇后学院由1448年亨利四世的皇后玛格丽特和1465年爱德华四世的皇后伍德维尔共同捐资建立，因而得名皇后学院。横跨剑河而立的皇后学院由举世闻名的数学桥相连，剑河西畔的皇后花园景色优美，风光宜人，被誉为剑桥最优美的风景区之一。而建于1460年的皇后学院院长室则是剑河两岸最古老的建筑，与16世纪中期木制校园回廊代表的都铎式中庭和建于15世纪的伊拉斯莫斯塔及旧礼拜堂等均充满古朴风韵。皇后学院最为闻名的数学桥由威廉·埃瑟里奇设计，并于1749年由詹姆斯·埃塞克斯兴建，由于桥身最早是由铁钉相连并不显眼，因而在皇后学院内流传着牛顿最初修建数学桥并没有使用螺丝，之后一个好奇的学生将桥拆开后却无法原样装好，只好用螺丝钉连接起来的传说。久而久之，这座举世闻名的数学桥究竟是何人修建，就连剑桥人自己也说不清楚了。

英国
攻略HOW

Part.9 牛津

拥有1100多年历史的牛津是一座古色古香的大学城,漫步在古老的建筑之中,仿佛穿越到了英国历史中。

英国攻略

牛津

牛津 特别看点！

第1名！
阿什莫林博物馆！

100分！

★ 第一座公共博物馆，罗马神殿式的建筑！

第2名！
默顿学院！

90分！

★ 牛津大学第一个学院，最美的学院！

第3名！
基督教堂学院！

75分！

★ 牛津最大的学院，英国最小的教堂！

01 爱丽丝的店
● ● ● 著名小说的场景　　★★★★ 买

爱丽丝的店位于基督教堂学院对面，这家店的建筑本身就已经有500多年历史，也是著名的童话故事《爱丽丝梦游仙境》中的一个场景。这里原本是一家糖果店，如今已经成了爱丽丝主题游的起点，在这里还能到小说中的爱丽丝之家和卡尔之家去游览，是小说迷们绝对不能错过的地方。

Tips
📍 83 Street, Aldates　📞 018-6572-3793

128

02 比斯特村

● ● ● 英国著名的购物村之一　　　　　★★★★ 买

Tips
- 60 Pingle Drive,Bicester, Oxfordshire, OX26 6WD ☎ 018-6936-6266 ⏱ 10:00—19:00，周六9:30—19:00，周日9:30—18:00
- 从牛津火车站搭乘First Great Western火车前往比斯特村

位于牛津郡的比斯特村是英国著名的购物村之一，每年都有大量欧洲游客在圣诞节之前专门来到比斯特村购买各种打折品牌，来自中国的旅行团也早已将比斯特村购物作为固定旅游项目之一。比斯特村是一条两头半封闭的街道，从有牛雕像的正门进入，游人就可看到沿街汇集了Dunhill、Clarks、King Pings、Burberry、Paul Smith、Boss、CK、Polo、Dior、Tod's等近百家世界名牌的折扣专卖店，堪称是购物狂的天堂。

03 阿什莫林博物馆

● ● ● 第一座公共博物馆　　100分！　★★★★ 赏

阿什莫林博物馆是在英语地区成立的第一座大学博物馆，也是第一座免费开放的公众博物馆，位居牛津四座大学博物馆之首。博物馆外观为罗马神殿式，一排科林斯式石柱显出这里的艺术美感。馆内珍藏着无数奇珍异宝，最著名的当属世界各地的古钱币，而玻璃和陶瓷展、贵金属工艺品展等也很受人们的欢迎。

Tips
- Beaumont Street ☎ 018-6527-8000

04 卡法克斯塔

● ● ● 牛津的地标　　　　　★★★★ 赏

Tips
- Queen Street & Cornmarket Street ¥ 2英镑

卡法克斯塔是牛津的地标建筑，在牛津当地是人们相约见面的最常用地点，因此这里通常都很热闹。这座塔是建于1032年的森特·马丁教堂的遗迹，在塔的正面有一座精致的大钟，这座钟每隔15分钟就会出现机械小人跳起舞蹈打点报时，非常有趣。同时这里也是牛津的制高点，登上99级楼梯来到塔顶可以遍览牛津的美丽风光。

05 基督教堂学院 75分!
牛津大学最大的学院

基督教堂学院是牛津大学中最大的学院，同时也是英国各大学院中门票最贵的。学院里提供了游人专门的旅游线路，可以在不影响学生学习的情况下看到这里大部分景点。这里有古色古香的回廊和精美的教堂，尤其是这里的基督教堂，虽然是英国最小的教堂之一，但是其装饰的精美程度还是数一数二的。

Tips
- Christ Church Oxford, OX1 1DP ☎ 018-6527-6492
- ¥ 6英镑

06 大学学院
牛津最古老的学院

据说由阿尔弗雷德大帝创立于公元9世纪的大学学院是牛津最古老的学院，虽然另有一种观点认为学院创立于1249年，但不论采用哪种说法，这里都是牛津历史最悠久、校舍最古老庄严的学院。大学学院在悠久漫长的历史中，培养了发现波义耳定律的罗伯特·波义耳、世界上第一个用显微镜观察到活细胞的罗伯特·胡克、因发表拥护无神论的论文而退学的诗人雷莱，甚至就连美国前总统克林顿也曾在牛津进修过，因此吸引了众多游客慕名而来。

Tips
- High Street, Oxford, OX1 4BH
- ☎ 018-6527-6602 免费 每年7月

07 默顿学院 90分!

●●● 牛津大学第一个学院　　　　　★★★★★ 赏

默顿学院是牛津大学创办后的第一个学院，和当时其他大学只面向贵族招生不同，这里主要接纳一些平民学生，早在中世纪就以研究物理学、工程学而闻名。同时这里也是牛津大学最美的学院之一，到处都是历史悠久的古老建筑，这里有着英国最古老的图书馆，收藏有不少古老典籍，十分珍贵。

> **Tips**
> 🏠 Merton Street　☎ 018-6527-6310

必玩 01 礼拜堂
造型精致的礼拜堂

礼拜堂位于默顿学院的入口处，这里最初准备建设成为一座修道院规模的建筑，但是由于种种原因最后并未完工。不过这并不影响这里的精美程度，礼拜堂内窗上的精致花窗格代表了当时先进的工艺。礼拜堂内还有一块牌子，上面刻上了历代默顿学院院长的名字。

必玩 02 排水管
别具特色的排水管

牛津众多学院的建筑上都将排水管做成颇具特色的人偶造型，其中默顿学院的排水管不仅造型别具特色，而且还被做成镇纸、明信片等纪念品，颇受游客欢迎。

08 基督圣体学院

最小的学院

基督圣体学院位于默顿学院一侧，是牛津大学中最小的学院。这里竖立着一根17世纪时的日晷柱，代表了牛津大学悠久的历史。这里最著名的当属基督圣体学院的后花园，这座花园面积虽然不大，但是风铃草、报春花、紫丁香、勿忘我等多种美丽的花儿自然分布在园中，鲜花盛开时这里被各种颜色所点缀，让人有一种接近自然的感觉。

Tips
Merton Street，Oxford OX1 4JF 018-6527-6700

09 牛津大学自然历史博物馆

收藏各种自然、历史展品的新哥特式博物馆

建于1860年的牛津大学自然历史博物馆是一幢新哥特式风格的建筑，大厅正中陈列着巨大的恐龙骨架化石，除了各种自然生物的标本外，牛津大学自然历史博物馆内还展示有大量面具、乐器、饰物等丰富多彩的人类学藏品。此外，在《爱丽丝漫游仙境》中描述的鸟类标本也在博物馆内陈列，吸引了众多游人驻足观赏。

Tips
Parks Road,Oxford,OX1 3PW 018-6527-2950 免费 10:00—17:00

10 莫德林学院

最具实力的学院

Tips
High Street,Oxford,OX1 4AU 018-6527-6000 4英镑

莫德林学院是牛津大学实力最雄厚的一座学院，这里以研究新兴的人类学为主，坐落于查韦尔河畔，风景十分优美。学院里有一座显眼的莫德林塔，这座高塔比基督教堂学院的教堂尖塔还要高。而学院身后就是宽阔的鹿园，使得这里的学习环境更为清净优雅，这也正是吸引学生的所在。

11 瓦德汉学院

●●● 瓦德汉夫妇的传奇　　★★★★ 赏

> **Tips**
> 📍 Parks Road, OX1 3PN ☎ 018-6527-7900

提到瓦德汉学院就不能不提及它的创办人瓦德汉夫妇为这座学院所做的汗马功劳。瓦德汉夫妇将自己的一生都献给了他们钟爱的教育事业，他们将这座学院打造成牛津大学内毫不逊色于其他学院的地方。从学院内礼拜堂中的精美彩绘玻璃上依稀还能看出当年瓦德汉夫妇为这里所做的一切。

12 圣玛丽教堂

●●● 高耸的哥特式尖塔　　★★★★ 赏

> **Tips**
> 📍 25 High Street,Oxford,OX1 4AH ☎ 018-6527-9111 💷 3英镑 🕘 9:00—17:00

建于13世纪的圣玛丽教堂曾经是牛津大学的主教堂，圣玛丽教堂早期曾经是牛津各学院的共用教堂，也被用作典礼场所、考场和图书馆等，是一座后哥特式建筑，其高耸的哥特式尖塔高62米，内部有127级螺旋式阶梯可以攀至塔顶，一览牛津的市容街景。

牛津

13 牛津商业中心
●●● 繁华的商业区 ★★★★★ 逛

在牛津大学附近，有一个专门的商业步行区。在这个区域内有不少家销售各类商品的商店，是牛津大学各个学院的学生经常光顾的地方。同时为了满足来自世界各地的学生，这个商业区里还有不少不同国家风味的饭店，可以满足任何一个学生对口味的要求。此外，沿街还有街头艺人表演歌舞，让这里增添了不少娱乐氛围。

Tips
106 The High Street 018-6524-7414

14 拉德克利夫科学图书馆
●●● 第一座圆形图书馆 ★★★★ 赏

Tips
Broad Street 018-6527-7218

拉德克利夫科学图书馆是牛津大学内最具特色的一座建筑，这里是世界第一座圆形图书馆。瓦蓝色的屋顶和浑圆的建筑让这里更显得书卷气十足。图书馆里收藏着17世纪的医师约翰·拉德克利夫的庞大藏书。如今这里被用作学校的阅览室，一般不对外开放。游人们只能通过欣赏其外观感受这里的历史气息。

15 波德里安图书馆
●●● 收藏数百万册珍贵藏书的图书宝库 ★★★★ 赏

Tips
Broad Street,Oxford OX1 3BG 018-6527-7224 6英镑 9:00—17:00

作为世界上最古老的公共图书馆之一，位于牛津的波德里安图书馆书架全长176公里，有藏书700余万册，规模仅次于大英图书馆。游人通过詹姆斯一世时期的旧校方庭来到波德里安图书馆后往往会被这里浩瀚的藏书所震撼，而在电影《哈利·波特》中，波德里安图书馆也曾经被用来拍摄魔法学校霍格沃茨的部分场景，吸引了众多《哈利·波特》的忠实影迷前来朝圣。此外，建于1749年的拉德克里夫圆楼位于圣玛丽教堂对面，是一座典型的巴洛克建筑，现今作为波德里安图书馆的医学和科学书籍馆，从1861年起即成为波德里安的分馆之一。

16 赫特福德学院叹息桥

赫特福德学院的地标 ★★★★ 赏

由托马斯·杰克逊爵士于1914年修建的叹息桥正式名称为赫特福德桥,是连接赫特福德学院两座建筑的过街骑楼,桥拱跨度达到10米的赫特福德桥因其外观酷似威尼斯的叹息桥,并且是学生进入考场的必经之地,因而又被称为"叹息桥"。只不过在为数众多的观光客之中,也有人认为这座拱桥更像是威尼斯的另一座以浪漫美丽而闻名的雷雅托桥,这座桥作为赫特福德学院的地标而吸引了来自世界各地的观光游客。

Tips
- Catte Street, Oxford, OX1 3BW
- 免费

17 谢尔登剧院

举行毕业典礼的场所 ★★★★ 赏

Tips
- Broad Street, Oxford OX1 3AZ
- 018-6527-7299
- 2英镑
- 10:00—12:30, 14:00—16:30

建于1633年的谢尔登剧院由克里斯托·雷恩爵士按照罗马剧场为蓝本设计修建,环绕在剧院周围的13尊罗马帝国皇帝雕像表情各异,吸引了来自各地的游人在此拍照留念。现今,谢尔登剧院作为牛津大学举行毕业典礼和各种仪式的场所而闻名。

英国攻略 牛津

18 牛津城堡

● ● ● 在闹鬼传说的城堡内探险　★★★★ 赏

Tips
🏠 Oxford Castle,44 New Road,Oxford,OX1 1AY　☎ 018-6526-0666　¥ 7.5英镑
🕐 10:00—16:20

建于1071年的牛津城堡最初是一座防御性为主的建筑，城堡西侧的圣乔治塔曾经是牛津城围墙的一部分，之后在中世纪时期长期作为监狱使用，充满阴森恐怖的氛围，因而在来自世界各地的游客之中流传着为数众多的"鬼故事"，并被称为"鬼城堡"而闻名。现今牛津城堡已经被改建为酒店，除了保留原先的建筑风格外，还有打扮成狱卒和犯人的工作人员为游客讲解城堡监狱内流传的故事，充满惊声尖叫的监狱游也成了牛津城堡的招牌之旅，是世界十大诡异酒店之一。

19 布莱克威尔

● ● ● 历史悠久的名书店　★★★★ 逛

Tips
🏠 48-51 Broad Street Oxford OX1 3BQ
☎ 018-6579-2792

现今在英国近30个城市拥有超过60家连锁店的布莱克威尔是一家历史悠久的家族性学术书店，其旗舰店就位于牛津大学颁发学位的圆形大厅对面。门面很小的布莱克威尔牛津旗舰店于1879年由布莱克威尔先生开创，从悬挂着图书的精致橱窗前走过，目光很容易就会被吸引住，进而走入这间门面狭小，但却拥有上下五层空间的书店内。布莱克威尔书店保持了这里100多年来传统、安宁、低调、不张扬的个性，各种学术机构和研究人员的学术著作都可以在这里寻觅到，吸引了众多爱书的游客光顾。

20 布莱尼姆宫

丘吉尔出生的庄园

在英国，除了王室和宗教场所外，唯一被称为"宫"（Palace）的乡村宅邸就是建于18世纪初期的布莱尼姆宫，这座英国规模最大的巴洛克式建筑还是英国历史上最著名的首相之一温斯顿·丘吉尔的出生地。位于牛津郡境内一处名为伍德斯托克的宁静乡村中的布莱尼姆宫依河而建，在两处狭长人工湖之间有一条笔直的小桥通往中庭。布莱尼姆宫的主体建筑由两层主楼和两翼的庭院组成，外观混合了科林斯式的廊柱和巴洛克式的塔楼、高高隆起的三角壁以及错落有致的正立面线条。布莱尼姆宫内的中厅有回廊与沙龙、接待室、图书室、客厅等房间相连，室内陈设着丘吉尔家族收藏的油画、挂毯以及各种装饰品，每一件都是出自名家之手的艺术珍品，吸引了众多游人驻足观看。

Tips

- Blenheim Palace, Woodstock, Oxfordshire, OX20 1PX
- 087-0060-2080
- 宫殿和花园通票成人17.5英镑，学生和老人14英镑，16岁以下10英镑，5岁以下免费
- 公园：9:00—16:45；宫殿和花园：10:30—16:45
- 从牛津火车站或格罗切斯特格林巴士站乘20路公交车即达，车程约20分钟

英国攻略 牛津

英国
攻略HOW

Part.10
斯特拉特福

斯特拉特福是莎士比亚的故乡,每年有300万名游客会慕名来到这里寻访大剧作家的过往,这里的一切几乎都与莎士比亚有关。

斯特拉特福 特别看点！

英国攻略

斯特拉特福

第1名！
皇家莎士比亚剧院！

100分！

★ 全球上演莎士比亚戏剧效果最好的剧院，欣赏莎士比亚的作品！

第2名！
莎士比亚中心！

90分！

★ 纪念莎士比亚的展馆，了解莎士比亚的一切！

第3名！
莎士比亚诞生地！

75分！

★ 保存完好的莎士比亚故居，探访大剧作家的生活！

---

01 圣三一教堂
莎士比亚长眠之所 ★★★★

Tips
🏠 Old Town, Stratford, upon Avon, Warwickshire CV37 68G ☎ 017-8926-6316 💷 免费；莎翁墓室：成人1.5英镑，学生0.5英镑 🕐 周一至周六 9:00—17:00；周日12:30—17:00

毗邻雅芳河的圣三一教堂外绿地上散落着一座座墓碑，被一片肃穆幽静气氛环绕下的教堂是莎士比亚接受洗礼和长眠的地方，其中莎士比亚墓位于教堂正中央祭坛前方，在反方向的墙上还有莎士比亚友人制作的半身雕像，现今游人依旧可以通过教堂的登记簿寻找当时莎翁接受洗礼和举行葬礼的记录。此外，在这座规模宏伟的教堂内，游人还可以欣赏15世纪的洗礼盘、巨大的彩绘玻璃和主殿内的管风琴等记述这座教堂历史的珍贵文物。

02 莎士比亚中心
纪念莎士比亚的展馆　★★★★★　赏

Tips
📍 Henley Street,CV37 6QW　🚇 斯特拉特福火车站出站步行　☎ 017-8920-4016

　　莎士比亚中心是介绍莎士比亚生平事迹的地方，也是全面介绍这位大剧作家诸多作品的展馆。这里拥有翔实的图片及文字资料，最为珍贵的是莎士比亚的首版剧本，还有关于他生活、创作情况的资料。在莎士比亚中心还能看到那些不朽名作的介绍，位于后院的花园则是莎士比亚生活时的16世纪风格的花园。

03 莎士比亚诞生地
保存完好的莎士比亚故居　★★★★☆　赏

　　莎士比亚诞生地是斯特拉特福小镇上一栋简朴的房屋，这就是大剧作家从诞生到离开小镇时一直居住的地方。这栋房屋从外观看毫不起眼，房屋里的家居陈设和装饰物则完全按照莎翁所在的年代的样子来摆放的，让来到这里的游客们感受到古朴的气息，同时还能了解那个时代的英国平民的生活状态。

Tips
📍 Henley Street-Stratford-upon Avon,Warwickshire,CV37 6QW　☎ 017-8920-4016　💴 12英镑

04 皇家莎士比亚剧院
全球上演莎士比亚戏剧效果最好的剧院　★★★★★　娱

　　历史悠久的皇家莎士比亚剧院是斯特拉特福最著名的艺术表演中心，它又经过现代化的翻修，是人们欣赏戏剧表演的绝佳场所。这座剧院的外观仍保持着古朴的风貌，有着英国传统的建筑风格，来到剧场内部则能够欣赏到一场场精彩的戏剧演出，华丽的声光效果和演员们的精湛演技，令人叹为观止。

Tips
📍 Southern Lane,CV37 6BB　🚇 斯特拉特福火车站出站步行　☎ 084-4800-1110

英国攻略　斯特拉特福

05 莎士比亚母亲的房子
都铎时代的老房子 ★★★★ 赏

Tips
🏠 Station Road Wilmcote,CV37 9UN 🚆 在斯特拉特福火车站乘车在Wilmcote下 ☎ 017-8929-3455 ￥8.5英镑

玛丽—阿登之屋是莎士比亚的母亲幼年时代生活的地方，它在遍布老宅的斯特拉特福小镇中也算最为古老的宅第之一。这座位于乡间田园中的老房子是那个时代下级贵族住宅的典型，来到这里的游客们可以感受到难得的田园气息，欣赏优美的乡村风光，还能了解当时农业生产的部分片段。

06 莎士比亚妻子之屋
古老的宅第 ★★★★ 赏

Tips
🏠 Cottage Lane Shottery,CV37 9HH ☎ 017-8929-2100 ￥7.5英镑

安妮·海瑟薇是莎士比亚的妻子，她少女时代所生活的房屋至今仍完好地保存了下来。这栋房屋曾经居住过海瑟薇家族的数代人，许多家具和生活用品仍按照当时的生活习惯摆放在原来的位置。漫步在房屋内部可以感受到传统的英式生活氛围，那些有着独特用途的器物，有许多已经是难得一见的了。

07 霍尔园
古典的英格兰庄园 ★★★★ 赏

霍尔园是莎士比亚长女一家生活居住的地方，周边环境清幽，充满着淳朴的乡村气息。这里的家具陈设仍保持着伊丽莎白一世女王时期的原有风貌，使来到这里的游客们可以略窥当时民众的生活情况。庄园的庭院有着简洁大方的美感，其中最引人注目的是一棵有着300年树龄的高大桑树。

Tips
🏠 Old Town,Stratford-upon-Avon,CV36 6BG ☎ 017-8929-2107 ￥12.5英镑

08 高尔纪念园
●●● 莎士比亚与他笔下人物的雕像 ★★★★ 赏

由Sutherland公爵设计、1888年搬来斯特拉特福的高尔纪念园位于班克罗夫特花园中，是一个由数组雕像聚集而成的纪念园区。正中是莎士比亚的雕像，四周分别是麦克白大人、哈姆雷特、海尔工了和法斯塔夫，分别代表了莎士比亚作品中的悲剧、哲学、历史和喜剧。

> **Tips**
> 🚉 斯特拉特福火车站出站步行

09 哈佛之屋
●●● 哈佛大学创始人祖父的故居 ★★★★ 赏

> **Tips**
> 📍 High Street,Stratford-upon-Avon,CV37 6AU ☎ 017-8920-4016

哈佛之屋在斯特拉特福小镇上诸多古建筑景点中，算是相当独特的一个，它是由哈佛大学的主要捐献者约翰·哈佛的祖父所建造的。该展馆的主要展出内容是房屋在不同时代所经历的各种变化，可谓是一部缩微了的英格兰历史。来到这里还能了解约翰·哈佛的生平事迹，以及他穿越大西洋前往美洲的经过。

10 阿戴尔购物中心
●●● 现代化的曼彻斯特商业区 ★★★★ 买

> **Tips**
> 📍 Manchester M4 3 ☎ 016-1833-9851

1996年阿戴尔中心因爆炸事件遭到破坏后，重建的阿戴尔中心已经由全世界最大的玛莎大厦取代了原先的大楼，在爆炸事件中受损的皇家交易所和谷物交易所也已经整修一新，成为曼彻斯特市一处全新的现代化商业区。阿戴尔购物中心除了拥有众多名牌商店，还有可以购买到新鲜水产和蔬菜的市场，市场内经常可以看到专程驱车前来的华人身影。

11 纳什之屋
●●● 古老的英格兰房屋 ★★★★ 赏

> **Tips**
> 📍 Chapel Street,Stratford-upon-Avon,CV37 6EP ☎ 017-8929-2325 ¥ 成人12英镑，学生和老人11英镑，儿童7英镑

纳什之屋是莎士比亚孙女及其丈夫曾经居住过的地方，现在则是一处展示斯特拉特福小镇历史和风貌的地方。这个展馆的外形古朴，一直保持着17世纪的原有风貌，来到屋内可以看到记录小镇历史变迁的图片和文字资料。漫游其间还能看到不同时期小镇居民所使用的各种生活用品。

英国
攻略HOW

Part.11 曼彻斯特

工业革命时代的曼彻斯特被誉为世界工厂，现今则是英格兰西北区的重镇之一，是英格兰第三大城市，被誉为除伦敦外英国最时尚的地方，足球是这座城市的标志。

曼彻斯特 特别看点！

英国攻略 | 曼彻斯特

第1名！
曼彻斯特中国城！

100分！

★ 英国北部地区最集中的华人社区！

第2名！
艾伯特广场！

90分！

★ 曼彻斯特的标志地区，曼彻斯特的城市中心！

第3名！
阿恩代尔中心！

75分！

★ 曼彻斯特最大的商业区！

---

01 艾伯特广场 90分！
● ● ● 曼彻斯特市中心的广场　　　★★★★

Tips
🏠 丁斯盖特（Deansgate St.）和莫斯利大街（Mosley St.）之间　🕘 全天开放

位于丁斯盖特和莫斯利大街之间的艾伯特广场地处曼彻斯特的城市心脏地带，是为纪念维多利亚女王的丈夫艾伯特而命名的。艾伯特广场最具特色的是一座建于维多利亚时代的哥特式建筑，西面的丁斯盖特街的约翰·赖兰德图书馆西侧是展示社会历史和工人运动的人民历史博物馆，广场南面的圣彼

得广场一侧是1819年"彼得罗屠杀"发生的自由工会会所，毗邻的布里奇沃特音乐大厅是一幢棱角分明的后现代建筑，同时也是著名的哈雷管弦乐团的成名地。

02 人民历史博物馆

大量国际性的珍贵收藏

★★★★

人民历史博物馆距离艾伯特广场不远，这里有着很多国际性的珍贵收藏，比如工党的国家档案，以及有关英国劳工联合会议、英国共产党、妇女选举权运动等的资料。这里在收藏工会标语上也是一绝，各个时期各个国家的工会标语都能看到。此外，这里还收藏着不少纺织工艺品，每年妇女节的时候还会举办著名的被子展。

> **Tips**
> 📍 Left Bank, Spinningfields, M3 3ER 📞 016-1838-9190

英国攻略　曼彻斯特

03 卡斯尔菲尔德城市遗产公园

英国第一座城市遗产公园

Tips
🚇 乘地铁在St.Peter's Square站下

卡斯尔菲尔德城市遗产公园是英国第一座城市遗产公园。这里原本为罗马时期的一座城堡，城堡被废弃后逐渐变为介绍曼彻斯特过去城市风貌的公园。这里包含了大量工业革命时期的遗产，有运河、博物馆、铁质高架桥等，人们可以在这里随意漫步，或是乘船在运河中游览。公园中的凯瑟菲尔德竞技场还经常举行有趣的室外活动。

04 阿恩代尔中心

75分！

曼彻斯特最大的商业区 ★★★★★

阿恩代尔中心可以说是曼彻斯特城内最大的商业中心，在宽阔的营业区内，分布着各种商铺。无论是时装、音乐、配饰、艺术品、玩具、食品等都可以在这里找到，各种世界名牌的专卖店鳞次栉比，出售新鲜蔬菜和食品的摊位前也都是熙熙攘攘，这里可以满足每一个购物狂的需求。

Tips
📍 Manchester, M4 3, United Kingdom
☎ 016-1833-9851

05 科学和工业博物馆

展示曼彻斯特现代化进程的博物馆 ★★★★★

科学和工业博物馆是曼彻斯特现代化进程的一处展示地，主要分为主馆、动力馆和航空馆三个部分，介绍了曼彻斯特在纺织、能源、通信、航空、交通等方面的科技进步与发展。这座博物馆的建筑极富特色，用100多年前的利物浦路火车站作为博物馆主建筑，保持了过去土黄色大厂房的旧貌，很具历史感。

Tips
📍 Museum of Science & Industry, Liverpool Road 🚇 乘地铁在博物馆站下 ☎ 016-1832-2244

06 约翰·赖兰兹图书馆

曼彻斯特最大的图书馆 ★★★★★ 赏

约翰·赖兰兹（John Rylands）图书馆是曼彻斯特最大的图书馆之一，是当地富豪约翰·赖兰兹投资兴建的。从外观看是一座维多利亚时期的标准哥特式建筑，红砖外墙显出这里厚重的文化气质。走进图书馆，会发现这里更像一座教堂或是博物馆，到处分布着古老的书橱，里面陈列着好多很有价值的古书，包括使用古登堡印刷术印出的第一批《圣经》等。

Tips
📍 150 Deansgate, M3 3EH ☎ 016-1306-0555

07 劳里艺术中心
收藏以工业劳动为主题的艺术作品 ★★★★ 赏

劳里艺术中心位于索尔福德码头,这里主要收藏以工业和劳动为创作主题的著名画家L. S. Lowry的作品,这些作品主要反映了作者对现代钢铁水泥丛林的热衷与歌颂。这家艺术中心有剧院、画廊、展厅、商店、餐馆和酒吧,人们可以在这里体验到现代艺术的新鲜感觉,算是对现代工业的致意。

Tips
🏠 The Lowry Pier 8,Salford Quays,M50 3AZ 🚋 乘电车在Harbour City站下 ☎ 084-3208-6000

08 库瑞本克纺纱厂
18世纪的纺纱厂 ★★★★ 赏

Tips
🏠 Quarry Bank House, Quarry Bank Rd, Styal, Wilmslow, Cheshire East SK9 4LA

Quarry Bank位于曼彻斯特以南16公里的威尔姆斯洛,在工业革命时代,四周遍布田野、房屋和教堂的曼彻斯特被誉为世界工厂,拥有大量纺纱厂。而位于威尔姆斯洛的Quarry Bank从18世纪起至今一直在生产布匹,堪称是工业革命时代的"活化石"。游人在Quarry Bank内可以在穿着工作服的导游带领下参观驱动纺纱机的水车,观看年轻工人辛勤劳动的工作场面,并且欣赏蒸汽机和完好的铁制水车等18世保存至今的实物,宛若时光倒流一般。这里每年都吸引了众多游人专程前来。

09 曼彻斯特中国城
英国最大的唐人街 (100分!) ★★★★ 逛

被夏洛特街、波特兰街、牛津街和莫斯利街环绕的曼彻斯特中国城,不仅是英国最大的唐人街,也是英国北部地区最集中的华人社区。曼彻斯特中国城内拥有大量华人经营的超市,可以买到如淀粉、酱油、菜刀、蒸锅等制作中餐所需要的厨具与调味料,经常可以看到居住在英国北部的华人开车来这里采购料理食材。此外,在中国城内还有大量中餐馆和经营中国饰品的商店,每到中国农历春节时还会有规模盛大的舞狮表演。

Tips
🏠 14 Harter St, Manchester, Greater Manchester M1 6HP
🕐 全天开放

英国
攻略HOW

Part.12
利物浦

英格兰西北部的利物浦是一座古老的港口城市,甲壳虫乐队和足球是这座城市最引以为豪的标志,而除伦敦外英国唯一的国立博物馆群更是文化爱好者不可错过的地方。

利物浦 特别看点！

第1名！
马修街！

100分！

★ 甲壳虫乐队成名的起点，甲壳虫乐队乐迷的朝圣地！

第2名！
利物浦大教堂！

90分！

★ 利物浦最大的圣公会教堂，世界上最高的钟楼之一！

第3名！
Liverpool ONE!

75分！

★ 购物中心，集娱乐、休闲、购物于一身！

01 艾伯特码头
● ● ● 利物浦最主要的航运枢纽　★★★★★

艾伯特码头曾是利物浦最重要的航运枢纽，启用于1846年。后来当地政府还花了大力气进行整改，这里现今已经摇身一变成了利物浦最著名的旅游景点之一。在码头周围遍布着维多利亚时期的古老建筑，在现代化的利物浦市中尤为显眼。除了那些知名的砖砌建筑群落，还有很多出售纪念品的商店。

Tips
🏠 Alvert Dock　🚶 从Lime Street火车站步行即达　☎ 015-1707-0729

02 Three Graces
●●● 利物浦最美的三座大厦　　★★★★★ 赏

> Tips
> 从Lime Street火车站步行即达

"Three Graces"在中文中也译作"美惠三女神"，但是在利物浦，这个词专指这里三座最著名的大楼：皇家利弗大厦、丘纳德大厦和利物浦港务局办公大楼。这三座大厦都是利物浦的标志，是从19世纪起利物浦快速发展的见证。它们濒临默西河而建，三座大楼连为一体，其中皇家利弗大厦还是世界上第一座使用钢筋混凝土修建的大厦。

03 航海博物馆
●●● 讲述了200多年的航海史　　★★★★★ 赏

> Tips
> Albert Dock, L3 4AQ 从Lime Street火车站步行即达 015-1478-4499

航海博物馆位于艾伯特码头区，这里讲述了利物浦200多年来光辉的航海历史。博物馆开放于1980年，前身是一座放置保税商品的仓库，因此通体是红砖砌成。在博物馆门前还放置着一个巨大的铁锚，象征着这里作为航运枢纽的重要地位。这里分成档案馆和陈列馆两个部分，珍藏着很多有关航海历史的资料和实物，是那些对大航海时代感兴趣的人们的必来之地。

04 马修街

不可错过的卡文俱乐部 ★★★★

Tips
🏠 Mathew Street, Liverpool　🚌 从利物浦观光服务中心步行大约10分钟即达

在利物浦，披头士乐队相关的纪念物几乎无处不在，在披头士未成名之前演唱过的卡文俱乐部所在的马修街上，装饰着披头士的铜像与唱片，街上除了约翰·列侬的酒吧、经营披头士相关商品的商店等场所，最吸引朝圣者目光的就是现今依旧在营业的卡文俱乐部。虽然俱乐部曾经搬过一次家，但内部装饰依旧保持着当时的氛围，吸引了不知多少披头士的乐迷不远万里来这里朝圣。

05 巨穴夜总会

甲壳虫乐队最初成名的地方 ★★★★★

巨穴夜总会（Cavern Club）是马修街上有关甲壳虫乐队的各个景点中最著名的，当年甲壳虫乐队未成名的时候就经常在这家俱乐部献唱，后来被经纪人爱泼斯坦所发掘，然后一举成名，成为全世界闻名的乐队。巨穴夜总会是为数不多的至今依然在营业的甲壳虫乐队景点，虽然经过了改修，但是依然最大限度地保留了当年的样子，吸引了不少游人到这里来追寻甲壳虫乐队的成名之路。

Tips
🏠 10 Mathew Street, L2 6RE　☎ 015-1236-1965

06 都市天主教堂
● ● ● 利物浦的标志建筑 ★★★★★ 赏

都市天主教堂是利物浦的标志性建筑之一。这座教堂建于20世纪30年代，原本打算建成一座规模仅次于梵蒂冈圣彼得大教堂的宏伟建筑，但是由于二战等一系列的风波，最后只能缩小规模，并且直到1967年才最后完工。这里仅有一座呈圆锥形的大厅，上面立有一座圆柱形的高塔，高塔顶端还围着一圈形似王冠的小塔，这也成了利物浦最有名的景观。

Tips
- Cathedral House,Mount Pleasant, L3 5TQ
- Lime Street火车站出站步行即达
- ☎ 015-1709-9222

07 利物浦大教堂 （90分！）
● ● ● 利物浦最大的圣公会教堂 ★★★★★ 赏

利物浦大教堂是利物浦最大的圣公会教堂，也是世界上第五大主教座堂。教堂是哥特式建筑，方方正正的塔楼高高耸立，值得一提的是这里的钟楼，它高达101米，是世界上最高的钟楼之一。虽然经历了两次世界大战的硝烟，但是这里依然耸峙如故，是利物浦市郊最著名的景点之一。

Tips
- St.James Mount，L1 7AZ
- Lime Street火车站出站步行即达
- ☎ 015-1702-7284

英国攻略 利物浦

08 利物浦博物馆

●●● 展品多样的博物馆 ★★★★

利物浦博物馆位于利物浦威廉布朗街,这里是利物浦著名的文化区。博物馆里分了很多区域,有水族馆、历史文物馆、自然生物馆和航天馆,里面陈列了很多自然、文史方面的标本、文物等,藏品的种类涵盖了天南地北,极为丰富。同时,馆里还有一座天幕放映馆,整个放映馆的顶棚就是一片大荧幕,放映很多有关宇宙和太空的影片,十分引人入胜。

Tips

📍 William Brown Street. L3 8EN 🚉 Lime Street火车站出站步行即达 ☎ 015-1478-4399

09 披头士纪念馆

●●● 披头士朝圣者不可错过的圣地 ★★★★

位于艾伯特船坞内的披头士纪念馆展示了披头士乐队从诞生到默默无闻,直至最终成为引领时代的全新流行文化的这一过程,被誉为是全世界各地披头士乐迷们不可错过的一处圣地。博物馆内经常可以看到朝圣者的身影,他们一边聆听着耳机内披头士乐队的音乐,一边用膜拜的神情欣赏馆内收藏的包括约翰·列侬最后使用的白色钢琴等披头士乐队相关文物。

Tips

📍 Albert Dock Britannia Pavilion, Liverpool L3 4AD ☎ 015-1709-1963 ¥ 015-1709-1963 🕐 10:00—18:00 🚶 从利物浦观光服务中心步行大约15分钟即达

10 圣乔治大厅

●●● 奢华的浪漫主义建筑　★★★★ 赏

Tips
William Brown Street, L1 1JJ　Lime Street火车站出站即达　015-1225-6909

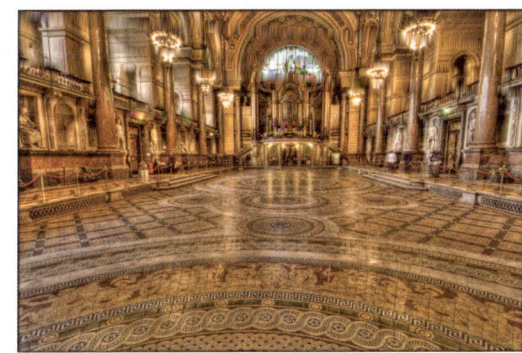

圣乔治大厅位于利物浦市中心的石灰街，是一座浪漫主义时期风格的建筑。这座建筑极为奢华，光建造就花了20年。走进大厅，就被地面上2万多片瓷砖吓了一跳，这么多瓷砖在地上描绘出十分美丽的图案。大厅里有一座利物浦最大的管风琴，每到音乐会和当地举行盛会的时候，它都能起到重要的作用。

11 Liverpool ONE

●●● 利物浦的中心购物区　75分！　★★★★★ 逛

Liverpool ONE是利物浦最重要的购物区，这里集娱乐、休闲、购物于一身，除了各色餐厅、电影院等外，还拥有独立的停车场。这里的商业区是利物浦最大的，共有168个大小商铺，包含了来自世界各地的知名品牌。这里的购物环境很舒适，人们可以享受到最优质的服务，因此吸引了来自世界各地的游客。

Tips
Lime Street火车站出站步行即达　015-12323100

英国
攻略HOW

Part.13 湖区

位于英格兰西北部的湖区拥有英格兰最大的湖泊、最高的山峰和最深的山谷,这里风光优美,景色迷人,是喜爱户外运动者的天堂。

湖区 特别看点！

英国攻略 / 湖区

第1名！
温德米尔湖！
100分！

★ 英格兰最大的湖泊，风景宜人的观光地！

第2名！
安布尔赛德！
90分！

★ 宁静安逸的小镇！

第3名！
鸽舍！
75分！

★ 华兹华斯成名前的居所，了解大诗人的日常生活！

---

01 温德米尔湖 100分！
● ● 宁静的田园风情 ★★★★★ 赏

Tips
🏠 Bowness Pier, Bowness-on-Windermere, Cumbria, LA23 3HE ☎ 015-3944-3360

英格兰西北部的坎布里亚郡内拥有英格兰最美的湖光山色，散落其间的众多湖泊组成了英国规模最大的国家公园，而湖区中面积最大的温德米尔湖则是游人游览湖区的起点之一，繁华的波尼斯小镇和风景秀美的湖畔风光吸引了众多游人专程来这里度假。温德米尔湖畔大大小小的村舍呈现出一派宁静的田园风情，孕育了众多文人，其中英国浪漫主义诗人威廉·华兹华斯和儿童文学作家碧翠丝·波特等人的旧居和博物馆现今依旧屹立在湖畔，是游人在湖区观光之外的几个好去处。

02 索里村
● ● ● 充满田园气息的农庄　★★★★ 逛

Tips
📍 Near Sawrey, Hawkshead, Ambleside Cumbria　🚌 3号码头乘公共渡轮到对岸后换乘525路公文车，在索里村（Sawrey）下　📞 015-3943-6269　💰 6.5英镑

索里村市场位于晴海大街与信达桥大街交会处，是一处由近500家连在一起的狭小店铺组成的市场。在索里村市场，空气中都弥漫着浓郁的食物香气，游人在这里的摊铺前可以品尝各种由新鲜鱼类制成的鳗鱼烧、生鱼片、海鲜盖饭等小吃，还可以买到腌渍品和各种干货。

03 碧翠丝·波特博物馆
● ● ● 追寻彼得兔的足迹　★★★★★ 赏

Tips
📍 Bowness-on-Windermere, Cumbria, LA23 3BX　📞 015-3948-8444　💰 6.75英镑　🕐 夏季10:00—17:30，冬季10:00—16:30

绘制了闻名世界的《彼得兔》等儿童彩绘故事书的女插画家碧翠丝·波特就曾经居住在风光迷人的温德米尔湖畔，现今游人可以在波尼斯镇中心的碧翠丝·波特博物馆内了解这位女插画家的过往经历，还可在博物馆内收藏的碧翠丝绘本中出现的兔子、狐狸、鹅、猫和老鼠等可爱动物形象的环绕下欣赏一部介绍碧翠丝生平和其作品的短片，各种梦幻般的景象令游人宛若重新回到童年时光，是一处寻找童年纯真感觉的绝佳场所。

04 碧翠丝·波特艺廊
● ● ● 展示波特的艺术成就　★★★★ 赏

碧翠丝·波特艺廊的原身为波特丈夫的故居，波特去世后被规划为画廊。这里陈列着碧翠丝·波特一生最得意的画作和设计作品，除了《彼得兔》外，还有不少其他的作品。这个画廊时常还会举行各种主题展览，包括波特的一些私人信件等，有助于人们了解这位画家的一生。

Tips
📍 Main Street, Hawkshead, Ambleside, Cumbria　🚌 乘505、525路公交车在Hawkshead站下　📞 015-3943-6355　💰 4.4英镑

05 鹰岬文法学校
● ● ● 大诗人的启蒙学校　★★★★ 赏

Tips
📍 Main Street, Hawkshead, Ambleside　🚌 乘505、525路公交车在Hawkshead下　📞 015-3943-6735

鹰岬是位于湖区的一座小镇，是湖畔派诗歌的诞生地。鹰岬文法学校是这里最古老的学校之一，著名的诗人华兹华斯小时候就在这家学校里学习语言文学。这座建于1585年的学校于20世纪初即被关闭，不过至今里面依然保留着原先的装饰和陈设，包括华兹华斯小时候使用的课桌，上面还有调皮的涂鸦。

06 莱德山庄
● ● ● 华兹华斯最后的住所　★★★★ 赏

莱德山庄正是华兹华斯在安布尔赛德最后的居所，他从1813年开始住在这里，直到1850年去世。这里可谓是寄托了诗人全部的心血，他亲手在山庄周围开辟出一处美丽的花园，在花园里可以远眺美丽的湖景。除了平时笔耕不辍外，他还亲自修剪园圃，显示了这位大诗人在艺术方面的出色感觉。

Tips
📍 Rydal Mount and Gardens, Rydal Near Amberside　🚌 乘599路公交车在Rydal Church站下　📞 015-3943-3002　💰 6英镑

英国攻略　湖区

07 圣米迦勒天使教堂
古老的中世纪教堂　★★★★

毗邻鹰岬文法学校的圣米迦勒天使教堂是华兹华斯生前最喜欢来的地方，在他的诗中也曾多次提到这座可以俯瞰整座山村景色、修建于遥远中世纪的教堂。教堂内，游人可以看到旧时教堂用来保存重要文件的橡木箱子。

> **Tips**
> 🏠 Main Street,Hawkshead,Ambleside　🚌 乘505、525路公交车在Hawkshead站下

08 华兹华斯博物馆
伟大诗人的文学成就　★★★★

> **Tips**
> 🏠 Dove Cottage,The Wordsworth Museum & Art Gallery,Grasmere,LA22 9SH　🚌 乘599路公交车在Grasmere Centre站下　☎ 015-3943-5544　💰 7.5英镑

华兹华斯博物馆就位于鸽舍的旁边，是由原本鸽舍的谷仓改建而成。这里面珍藏了很多华兹华斯当年的手稿，一页页泛黄的书页就这么展示在人们的眼前，诗人的思想跃然纸上，颇有一种天马行空的自由感觉。除了手稿外，这里还有很多华兹华斯的绘画作品和他妹妹的日记等，也是从不同方面了解这位诗人的途径。

09 鸽舍　75分！
浪漫诗人的湖畔故居　★★★★

英国著名的浪漫诗人威廉·华兹华斯于1799年买下并与自己妹妹和妻子一同生活的住宅，又名鸽舍，其前身曾经是格拉斯米尔村中的一处客栈。在鸽舍居住生活的9年时间里，华兹华斯写下了大量不朽名篇，并获得英国女王授予他的"桂冠诗人"的称号，每年都可以享受不菲的津贴。现今，鸽舍内依旧保留着华兹华斯居住时的原貌，游人可以在讲解员的带领下从客厅、厨房和卧室一一穿过，了解诗人当时的

> **Tips**
> 🏠 Dove Cottage,The Wordsworth Museum&Art Gallery,Grasmere,LA22 9SH　☎ 015-3943-5544　💰 成人7.5英镑，儿童4.5英镑，6岁以下免费　🕐 夏季9:30—17:00，冬季9:30—16:00

日常生活。此外，与鸽舍毗邻的华兹华斯博物馆和艺术馆内收藏了大量威廉·华兹华斯的原稿、书籍和绘画作品，以及华兹华斯妹妹的日记等珍贵文物。

10 格拉斯米尔村
寻觅华兹华斯足迹的小村庄　★★★★★

格拉斯米尔村是湖区最受欢迎的观光地之一，英国著名的浪漫主义诗人威廉·华兹华斯晚年时就居住在格拉斯米尔村中，吸引了众多游人慕名而来。宁静祥和的格拉斯米尔村中有一处林立着酒吧与杂货店的小广场，周围不时可以看到悠闲吃草的羊群和远处起伏的丘陵。在一片葱郁绿树环绕的村庄中，优雅古朴的村舍散落各处，是徒步旅行的绝佳去处，可沿途欣赏山川、峡谷、村舍、田园等不同风光。

> **Tips**
> 🏠 Redbank Road,Grasmere,Cumbria LA22 9SW（游客服务中心）　☎ 015-3943-2582（游客服务中心）　🚌 从Windermere车站乘巴士即达，行程约30分钟

11 安布尔赛德

●●● 宁静安逸的小镇　　　★★★★ 逛

Tips
🚌 乘599路公交车在Waterhead站下

安布尔赛德是英国伟大的诗人华兹华斯的定居处，他在这座小镇上获得了很多灵感，创作了不少著名的诗歌，而他的名望也使这里成了游人如织的旅游胜地。除了有关华兹华斯的景点外，这里还有一座英国最小的"桥屋"，整座屋子就建在一座石桥之上，全部用粗石砌成，虽然简陋却富有情趣。

12 姜饼屋

●●● 华兹华斯最喜欢的美食　★★★★

姜饼屋是格拉斯米尔小镇最著名的商店，原本是村里的学校，学校迁址后成为尼尔森夫妇的住所，从此开始制作姜饼出售。这里的姜饼味道香甜，深受当时居住在这里的诗人华兹华斯的喜爱，在他的诗里也有提到。姜饼因此从小小的村子闻名全国，成为游客的必选之物。

Tips
🏠 Church Cottage, Grasmere, Ambleside
📞 015-3943-5428

13 圣奥斯华德教堂

●●● 华兹华斯的埋骨之所　★★★★

圣奥斯华德教堂位于格拉斯米尔镇的中心地带，这里历史悠久，最早可以上溯到13世纪。虽然教堂的规模并不算很大，但是这里却是著名的大诗人华兹华斯的埋骨之所。华兹华斯去世后就被安葬在教堂边的墓园内，至今依然有不少世界各地的文学爱好者到这里来凭吊。在这里，大家都是轻声细语，仿佛害怕惊动了诗人沉睡的灵魂。

Tips
🏠 Church Cottage, Grasmere, Ambleside

英国攻略　湖区

英国
攻略HOW

Part.14 苏格兰

　　苏格兰拥有众多历史悠久的古老城堡,在悠扬的风笛声中,苏格兰高地上广阔无边的山峰与湖泊吸引了为数众多的游人,深不见底的尼斯湖孕育了传说中的神秘水怪,高地的斯凯岛则令人体会到天涯海角的迷人风光。

苏格兰 特别看点!

英国攻略 / 苏格兰

第1名! 爱丁堡城堡!

100分!
★ 苏格兰的象征,展示苏格兰的传统文化!

第2名! 尼斯湖!

90分!
★ 神秘的水怪传说,英国最大的淡水湖!

第3名! 安尼克古堡!

75分!
★《哈利·波特》中魔法学院的原型,气势恢弘的"北方温莎堡"!

01 爱丁堡城堡
苏格兰的重要象征 100分! ★★★★★ 赏

Tips
📍 Castle Hill, Edinburgh, Midlothian EH12NG
☎ 013-1225-9846 💰 成人9.8英镑,儿童3.5英镑,团队价格7.5英镑 🕘 9:30—16:15 🚶 从Waverley车站步行15分钟即达

爱丁堡城堡巍然屹立于城市中心的一座死火山顶上,居高俯视爱丁堡市区,从爱丁堡几乎每一个角落都能看到它。城堡下三面悬崖,只有一面斜坡可以出入,可以说是一处天然的要塞,是爱丁堡甚至苏格兰的精神象征。

爱丁堡城堡是英国最古老的城堡之一。早在6世纪这里就建起一座军事要塞,并且作为苏格兰王室城堡,成为苏格兰的行政中心。曾有一首苏格兰古诗描述国王和骑士们在爱丁堡的大厅中欢聚畅饮的情景,据说这就是亚瑟王和他的圆桌骑士们的故事来源之一。后来历代国王开始在城堡中修建供居住的宫殿,现存最古老的建筑是11世纪修建的小教堂。可以说,爱丁堡城堡是苏格兰民族历史的核心。

02 爱丁堡儿童博物馆

●●● 全世界最吵闹的博物馆

Tips
- Huntly House,142 Canongate,Royal Mile Edinburgh,EH8 8DD ☎ 013-1529-4143
- 周一至周六10:00—17:00，周日12:00—17:00

建于1995年的爱丁堡儿童博物馆被戏称为全世界最吵闹的博物馆，这里收藏了从摇篮时期的婴儿到青少年喜爱的玩具，可谓应有尽有。多层楼的馆内不仅藏有各式各样的儿童玩具，还有许多针对玩具历史和主题的收藏。孩子们可以在马戏团道具、自动玩具、电影传单、布偶衣服、教科书等中见识到各种不同时代的玩具，即使是童心未泯的大人也可找到当年的玩具，重温童年的美好。大人们往往因为生活的琐事而忘记了美好的童年，但幸运的是，一个有远见的名为帕特里克默的爱丁堡童年委员会委员建造了这里。它唤起了我们的童年时代，使我们想起了曾经陪伴在我们身边的朋友和玩具。因此，这里是孩子和大人们的共同天堂。爱丁堡博物馆内的环境不是安静的，在这里，游览者将能够看到健康展示、视频演示、服装和教育展览。馆内的公共画廊还分别展示了包括玩具、洋娃娃、游戏、书籍等多种展品。临时主题展览也会贯穿全年。这里的空气中溢满了热情，满载着欢乐的尖叫声。博物馆欢迎来自世界各地的孩子们，这里有着不同国家的童年主题展品。不同的游戏和玩具陈列其内，希望能够有更多的游客前来了解参观，唤起自己内心的美好童年。

03 人民博物馆

●●● 了解苏格兰人的生活

地处建于1951年的爱丁堡市政厅内的人民博物馆是一处讲述苏格兰人生活点滴的博物馆，以戏剧般的场景再现了18世纪到现今爱丁堡人生活、工作的场景，此外还有各种与当地百姓日常生活相关的物品展出，是游人了解苏格兰人生活的绝佳去处，令人在参观之余不禁感叹时代的变迁。

Tips
- 163 Canongate,Royal Mile,Edinburgh, EH8 8BN
- ☎ 013-1529-4057 周一至周六10:00—17:00

04 圣十字宫

●●● 苏格兰历代国王的寝宫

毗邻爱丁堡城堡的圣十字宫又称荷里路德宫，圣十字宫得名于圣十字修道院。相传12世纪时，大卫一世正于此处打猎，遭遇狂鹿袭击，千钧一发之际，一个金光闪闪的圣十字架奇迹般地出现在他的面前，使其瞬间化险为夷。为此他下令在这里建造了圣十字修道院。而在1498年，苏格兰国王詹姆斯五世便把修道院的客房改为了王宫。自此，苏格兰的王宫就从爱丁堡城堡迁移到了这里。圣十字宫的外表其实并不张扬，走入大门，中庭为四方天井，四面呈现灰色小楼。推开走廊尽头的那扇大门，踏上楼梯，便可看到等待室、会客厅、餐厅、宴宾厅一一展现于眼前。之后是书房、卧室，最后是玛丽女王的塔楼，其内装潢一气呵成，高贵典雅，奢华气派令人惊叹。房顶上的精美浮雕、墙壁上的精致挂毯、威严的国王画像，以及木质的家具和银质的餐具，无一不是艺术的珍品。而王宫的传奇故事更是给参观者增添了许多乐趣。如今每逢夏天，英国的女王还会来此小住，届时，王宫会挂上王室的旗帜，谢绝游客的参观。

Tips
- Canongate, The Royal Mile, EH8 8DX
- 013-1556-5100
- 成人10英镑，学生和老人9英镑，儿童6英镑
- 4月至10月9:30—17:00，11月至次年3月10:00—15:30

05 皇家苏格兰军团博物馆

●●● 军事迷不可错过的地方

Tips
- The Royal Scots, The Castle, Edinburgh, Edinburgh, EH1 2YT, Scotland
- 013-1310-5014
- 免费
- 4月至9月9:30—17:30；10月至次年3月周一至周五9:30—16:00；1月1日、12月25日、26日不开放

皇家军团(Royal Regiment)成立于1633年，是英国最古老的军队。有两个展厅介绍军团的历史。你可以一次性看到非常多武器和军事用品的实物，它们可以代表这400年来人类在机械制造和后勤保障方面的进步。令人印象深刻的是，18世纪的火枪可以保养得完好如新，而19世纪战斗前线的日常生活水平也已经达到了相当好的程度。

06 卡尔顿山
● ● ● 郁郁葱葱的山峦 ★★★★ 赏

英国攻略 苏格兰

沿着王子街向东走到尽头，就来到郁郁葱葱的卡尔顿山。站在山顶西望，爱丁堡城巍然耸立，守护着宁静的小城，景色非常美丽。而向东眺望，则可以看到蔚蓝的大西洋和福思湾上的点点白帆。风和日丽的时候，总能看到当地人成群结队地来到卡尔顿山，在草坪上野餐、晒太阳。

卡尔顿山上有两座纪念碑，一座是国家纪念碑，建于1822年，纪念拿破仑战争中阵亡的将士。但纪念碑并未完成，仅有一排巨大的立柱支撑着横梁。据说是因为预算透支而中断了工程。另一座是纳尔逊纪念碑，是为了纪念海军上将纳尔逊而建。每天下午1点爱丁堡城堡鸣炮时，纳尔逊纪念碑塔尖的小圆球就会降下。卡尔顿山上还有一座醒目的圆顶建筑，是爱丁堡市立天文台。

Tips
🏠 Calton Hill, Edinburgh EH12

07 象房咖啡馆
● ● ● J.K.罗琳创作《哈利·波特》的咖啡馆 ★★★★ 吃

Tips

🏠 21 George IV Bridge ,Edinburgh,EH1 1EN
☎ 013-1220-5355

地处爱丁堡的The Elephant House外观并不起眼，但随着《哈利·波特》在全世界掀起的"魔法热潮"，这间位于爱丁堡的小咖啡厅也因为《哈利·波特》的作者J.K.罗琳当年曾经在这里用餐巾纸写下《哈利·波特与魔法师》的故事而声名大噪。现在，每天都有来自全世界的"魔法迷"们慕名而来，在这间小咖啡馆里一边品尝咖啡，一边感受当年J.K.罗琳写下那个风靡全世界的魔法故事的气氛。

08 皇家英里大道

●●● 浪漫文艺的一英里　　★★★★ 逛

Tips

Royal Mile

始于爱丁堡城堡，终于圣十字宫的皇家英里大道是爱丁堡老城的中心大道，沿街两侧小巷纵横交错，圆石铺成的地面早被磨得发亮，大道边的建筑古朴雄壮，充满历史气息。连接着爱丁堡城堡和圣十字宫的皇家英里大道分为四部分，分别是城堡山、劳恩市场、高街和修士门，其中高街是爱丁堡市内最繁华的商业区，而修士门则是行人稀疏、中世纪建筑环绕的街区。每天下午都有身着苏格兰裙的街头艺人吹奏风笛，浓郁的苏格兰风情吸引了众多游人。

09 苏格兰博物馆

●●● 20世纪苏格兰最优秀的建筑之一　　★★★★ 赏

苏格兰博物馆建于1999年，被认为是20世纪苏格兰最优秀的建筑之一，为爱丁堡老城区增添了活泼的现代气息。

博物馆的建筑设计与苏格兰独特的历史和自然环境紧密融合，特别是与爱丁堡城堡的圆塔遥相呼应，形成历史与现代的巧妙衔接。这里表面采用苏格兰金色砂岩，创造出饱经风霜的古老面貌。三角形的入口大厅高达七层，创造出充满张力的空间感，被形象地比喻为"鸟笼"。这里采光良好，阳光几乎能洒满大厅中的每个角落。喷泉、鱼塘等装饰品增添了自然的情趣。

博物馆主要介绍苏格兰的历史、文化，收藏有大量相关的文物。一系列展室按照时间脉络自下而上布局，引领着参观者探寻从苏格兰的起源直到20世纪的全过程，主要主题包括早期人类、苏格兰王国、工业时代、变革的苏格兰、苏格兰运动等。最后在6楼的露台上，可以俯瞰今日爱丁堡的全貌。

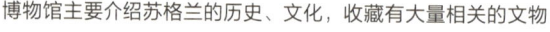
Tips

📍 Chambers Street, Edinburgh, Midlothian EH1 1JF　☎ 013-1225-7534　¥ 免费，如有特别展览可能另外收费　🕐 周一至周六10:00—17:00，周二10:00—20:00，周日12:00—17:00　🚶 从皇家英里大道步行约5分钟，从Waverley火车站步行约10分钟即达

10 王子街

有"全球景色最佳的马路"之称

- Princes St, Edinburgh, City of Edinburgh
- 从Waverley车站步行3分钟即达

王子街是爱丁堡最繁华的街道，店铺林立。王子街把爱丁堡分为新旧二城，北面为新城，南面为旧城。王子街一直都有"全球景色最佳的马路"之称，全长不过500米，许多华丽摩登的商店聚集在道路的两旁。南侧是一片青翠的绿地，东端尽头是王子街花园。每到文艺节期间，王子街花园群花怒放，很是美丽。王子街上也有很多穿着传统苏格兰裙的艺人在演奏风笛。

古堡下的王子街花园风景如画，里面屹立着苏格兰著名文学家瓦特·司各特的纪念塔。在花园的另一块绿地上，矗立着蜚声世界的苏格兰钟，钟的主要结构设于地下，花钟图案由约2.4万朵各种鲜花组成，据称它是世界上最大、最独特的一座花钟。

11 不列颠尼亚号皇家游艇

接载末任港督离任的皇家游艇

对外开放参观的不列颠尼亚号是已经退役的前英国皇家游艇，在1953年至1997年间服役。1997年11月在普利茅斯港退役，退役后一直停泊在爱丁堡。不列颠尼亚号由约翰布朗公司在苏格兰制造，1953年4月16日由英女王伊丽莎白二世主持下水礼，1954年1月11日首航。战时可改装成医疗船，但从来没有被真正改装过。

不列颠尼亚号曾被英国女王及其他王室成员使用，作过696次外访及272次英国水域内的探访。1981年，查尔斯王子与戴安娜王妃大婚时，曾乘坐不列颠尼亚号度蜜月。1986年也曾在亚丁的内战中拯救过1000名难民。1997年7月1日参加中、英香港交接仪式，接载查尔斯王子和离任港督彭定康驶离维多利亚港湾回国——这是英国撤离香港的最后时刻。

- Ocean Terminal, Leith, Edinburgh, Midlothian EH6 6JJ ☎ 013-1555-5566
- ¥9英镑 ⏰ 9:00—16:30 从王子街乘坐市内巴士即达

12 斯特林古堡

建于1300年的古堡 ★★★★ 赏

Tips

🏠 Ballengeich Pass, Stirling FK8 1 ☎ 017-8645-0000 ¥ 8英镑 🕘 9:30-18:00 🚆 乘火车到达斯特林，从车站步行15分钟即达

斯特林古堡位于远山脊上，是一座建于1300年的古堡。城堡从远处看就像是一座小山，近处细看则是由一座宫殿、一座大厅、一座礼拜堂围着的绿荫广场。这里还有历史博物馆、亚吉尔郡和索色兰郡高地人的地方特产陈列中心供游客参观，古堡里还展出了大量历史遗留下来的银器、瓷器和各种兵器。据说，1542年，苏格兰公主玛丽出生9个月后就是在该古堡内加冕的。

13 罗斯林小教堂

《达·芬奇密码》中揭开圣杯谜底的教堂 ★★★★ 赏

位于爱丁堡郊外的罗斯林小教堂在畅销小说《达·芬奇密码》中被作为揭开圣杯之谜的场景。在小说和同名电影的影响下，这里吸引了大批粉丝前来，现今已经成为爱丁堡最热门的旅游景点之一。始建于1446年的罗斯林小教堂周围环境清幽，依山傍水，教堂内如同小说中所描写的拥有大量神秘符号，早在《达·芬奇密码》成书前就有"密码教堂"的称号，吸引了大量符号学者和宗教学者的目光。此外，在教堂中还设有12块解说碑，向游人解释了教堂内雕刻符号的含义。

Tips

🏠 Rosslyn Chapel,Rosslyn Loan, Roslin Midlothian EH25 9PU ☎ 013-1440-2159 ¥ 成人7.5英镑，学生和老人6英镑，16岁以下免费 🕘 4月至9月周六至周六9:30—17:30,10月至次年3月周六至周六9:30—16:30 🚆 乘火车到达斯特林，从车站步行15分钟即达

14 卡农门街

议事司铎之门 ★★★★ 赏

这里是英里大道的最后一段，意为"议事司铎之门"。以前这里是个独立的区域，贵族、使节以及其他皇室官员在此修建府邸。卡农门监狱(Canongate Tolbooth)建于1591年，是16世纪的典型建筑。卡农门教堂(Canongate Church)正立面为哥特式火焰。著名的经济学鼻祖亚当·斯密1790年去世，就葬于卡农门教堂墓地。

Tips

🏠 249/2 Canongate, Edinburgh, Midlothian EH8 8BQ ☎ 013-1557-5111

15 苏格兰议会大厦

●●● 苏格兰的民主象征之地　★★★★ 赏

Tips
 Horse Wynd, Edinburgh, City of Edinburgh EH8 8　☎ 013-1348-5000　¥ 免费　⏰ 周二和周四9:00—19:00，周一和周五10:00—18:00（11月至次年3月至16:00），周末及节假日10:00—16:00

苏格兰议会大厦于2004年10月交付使用，位于卡农门街和马巷交会处的拐角。大厦由数种建筑材料建成，由西班牙建筑师恩里克·米拉莱斯（Enric Miralles）设计。这是米拉莱斯凭着惊人的创造力所完成的最佳作品，虽然建造的过程历经波折，但现在没有人能够否认它是苏格兰人民的骄傲，也是民主政治的骄傲。苏格兰议会大厦的落成剪彩仪式上，女王伊丽莎白二世到场祝贺。大厦荣获了2005年英国皇家建筑学会（RIBA）斯特林奖，确定了本土年度建筑设计作品的最高地位。

16 圣贾尔斯大教堂

●●● 基督教苏格兰长老会的权力中心　★★★★ 赏

圣贾尔斯大教堂矗立于皇家英里大道边，是爱丁堡的主教堂，也是苏格兰的国家教堂。教堂原建于1120年，后遭大火烧毁，于1385年重建。教堂的塔顶仿照苏格兰王冠设计，体现出它在苏格兰首屈一指的地位。圣贾尔斯教堂是基督教苏格兰长老会的权力中心，通常被认为是全世界苏格兰长老会教堂的"母教堂"。教堂的历史反映了苏格兰人独有的世俗和宗教生活，以及16世纪天主教在苏格兰发展演变的历史。它在苏格兰有着举足轻重的地位，这里曾经是推进苏格兰新教运动的主力之一。具有1000年历史的教堂最具看点的有：高耸的钟楼、雄伟的建筑、五颜六色的玻璃、古色古香的装饰、王冠造型的尖顶以及教堂门前自由觅食的鸽子等。

Tips
 High Street, Edinburgh EH1 1RE皇家英里大道西端，靠近乔治四世桥街，距Waverley火车站步行5分钟　☎ 031-1225-4363　¥ 免费，但欢迎捐款，一般游客捐款2英镑　⏰ 5月至9月周一至周五9:00—19:00，周六9:00—17:00，周日13:00—17:00；10月至次年4月周一至周六9:00—17:00，周日13:00—17:00；12月25日11:30之后、12月26日、1月1日和1月2日休息。特别提示：圣贾尔斯大教堂是使用中的教堂，有可能因为特别的宗教活动而谢绝游客参观。每天12:00—12:10有一场简短的礼拜，期间要求游客保持安静

17 约翰·诺克斯宅第

苏格兰的宗教改革领导人 ★★★ 赏

这里是约翰·诺克斯的居所，1572年他在这里去世。诺克斯是著名的宗教改革者，他曾经被法国人俘虏，沦落为划船的奴隶，多次流亡。他在信仰之战中，曾与当时苏格兰的皇后对垒，带领苏格兰走向宗教改革，并创立了源自新教加尔文派的长老会。从来没有人像他那样备受非议。他也是清教派的创始人，这里展示有他的生平介绍。

Tips
🏠 43 High Street, Edinburgh, Midlothian EH1 1SR ☎ 013-1556-9579 ¥ 成人3.5英镑，儿童1英镑 ⏰ 10:00—18:00（7月、8月12:00开放）；12月25日至27日不开放

18 斯戴尔夫人之家

苏格兰最伟大的三位作家的手稿收藏地 ★★★ 赏

格莱斯顿之家街道同一侧的另一处小院深处坐落着斯戴尔夫人故居，建于1622年。现在里面被辟为作家博物馆（Writers' Museum），用于展示苏格兰文学史上三位最伟大作家的纪念品和手稿等遗物，他们是：罗伯特·彭斯（Robert Burns）、瓦特·司各特（Walter Scott）和罗伯特·路易斯·史蒂文森（Robert Louis Stevenson）。

Tips
🏠 Lady Stair's Close, Lawnmarket, Edinburgh, Midlothian EH1 2PA ☎ 013-1529-4901 ¥ 免费 ⏰ 周一至周六10:00—17:00，周日12:00—17:00

19 格莱斯顿之家

典型的爱丁堡建筑 ★★★ 赏

这座被称为"格莱斯顿田野"的建筑是典型的爱丁堡17世纪的风格。参观这里能让你了解爱丁堡过去的历史风貌。该建筑建于16世纪中期，并在1617年时扩建。舒适的内部设计包含了精致的壁画和许多高级家具，是当时建筑的代表作品。

Tips
🏠 477b Lawnmarket, Edinburgh, Edinburgh & The Lothians, EH1 2NT ☎ 084-4493-2120 ¥ 成人5.5英镑 ⏰ 7月至8月10:00—19:00；3月31日至6月以及9月至10月10:00—17:00

20 苏格兰威士忌遗产中心

● ● ● 美妙的威士忌之旅   ★★★★★

苏格兰威士忌遗产中心位于爱丁堡城堡入口坡道下的左手边，这个中心由19家酒厂于1987年建立，致力于展示苏格兰威士忌的历史、发展以及推广。遗产中心的目标是"以传授知识和娱乐的方式促进威士忌的销售"。游客坐在形似威士忌酒桶的电动车里环游，有导游随时解说，一次游览大约持续一小时。当然还可以免费品尝纯正的苏格兰威士忌，并可在酒吧里见识到多达270种的威士忌。

进入博物馆后，工作人员会为客人送上一杯盛在漂亮的酒杯中的威士忌，这个酒杯可以带走作为纪念。在威士忌遗产中心后面的小店铺里，也可以购买到遗产中心所介绍的各色威士忌酒。目前，全苏格兰有100多家酒厂，90%供出口，生产的威士忌在国际市场上十分畅销，其销售额每年达到50亿欧元。

> **Tips**
> 🏠 354 Castlehill, The Royal Mile, Edinburgh, EH1 2NE ☎ 013-1220-0741 ￥ 8.95英镑（包括免费品酒）
> 🕘 10:00—18:00；12月25日不开放

21 格拉斯哥乔治广场

● ● ● 露天的雕塑博物馆   ★★★★

面积如同一个足球场般大小的乔治广场宛如一座露天雕塑博物馆，维多利亚女王、诗人罗伯特·伯恩斯、发明蒸气引擎的瓦特、苏格兰本土作家沃尔特·斯科特爵士和乔治三世等人的雕像都可以在广场上寻觅到，与四周建于维多利亚时代的精美建筑相映生辉。其中，位于乔治广场东侧的建筑外观呈朱红色，天花板上的拱顶、大理石和纯白雪花石做的阶梯无不体现出优雅的美感，令人感慨这个被誉为"最伟大的维多利亚城"的风格。

> **Tips**
> 🏠 40 George Square, Glasgow, Lanarkshire G2 1DS ☎ 014-1248-2515 🕘 全天 🚍 乘City Sightseeing Tour大红色双层敞篷巴士即达

22 格拉斯哥大教堂

苏格兰境内唯一保持原状的教堂

格拉斯哥大教堂是1136年为了奉献给格拉斯哥的守护神St. Mungo而建造的，历经300年完工，由高低两座教堂合组，St. Mungo的墓穴就在低教堂的地下。

格拉斯哥大教堂躲过了宗教革命的摧残而保存至今，目前大部分建筑都是建自15世纪，只有西塔在动乱中遭到毁坏。15世纪晚期，大教堂中间增加了一条石制的祭坛围屏，把教堂分成两部分。围屏旁边有7对石像装饰，用来代表"七宗罪"。最有趣的地方是有条楼梯可通往低教堂。密布的柱子营造出一种气势，包围着St. Mungo的墓碑。

教堂左前方的St. Mungo博物馆内陈列着关于宗教生活与艺术的收藏品，不仅有天主教的部分，就连印度教的湿婆像和禅宗或庭园在这儿也有一席之地。博物馆对面的古老建筑是全市最老的Provands Lordship，它忠实地呈现了公元15世纪富商巨贾的生活原貌，从1471年保存至今。

Tips

Castle Street/High Street, Cathedral Square, Glasgow G4 0QZ　014-1552-8198　免费　9月周一至周六9:30—18:00，周日14:00—5:00；10月至次年3月周一至周六9:30—16:00，周日14:00—16:00　乘坐City Sightseeing Tour大红色双层敞篷巴士，成人票价是9英镑，可以使用2天。从乔治广场出发，可环绕格拉斯哥游览约21个主要的景点

23 格拉斯哥艺术学院

英国仅有的几所独立艺术学院之一

格拉斯哥艺术学院创立于1845年，它位于苏格兰格拉斯哥市中心，是英国最古老的，也是英国仅有的几所独立的艺术学院之一。学院由三个部分组成：美术学校、设计学校和建筑学校，尤其是该校的建筑学校（又称麦金托什建筑学校）在国际上声誉超卓，吸引了大量来自世界各国的留学生前来就读。

格拉斯哥艺术学院内的建筑本身就很有名气。学院大到框架结构，小到桌椅板凳都是由英国著名建筑师查尔斯·雷尼·麦金托什设计的。日月星斗、风云雷电、花草树木等有关大自然的元素，通过设计师的巧妙构思，若隐若现地浮现于墙壁栋梁之间。

Tips

168 Renfrew Street, Glasgow G3 6RQ　014-1353-4530　免费　全天　从格拉斯哥车站步行25分钟即达

24 汉特里安艺术画廊

现代化大楼内的画廊

这座现代化的大楼内保存有许多来自教会机构的艺术品,其中最有名的是美国画家惠斯勒的作品。19世纪至20世纪的欧洲美术品以及苏格兰建筑师查尔斯·雷尼·麦金托什在格拉斯哥的故居改建成的麦金托什翼楼。大楼内的装饰图案非常独特,体现出现代建筑艺术的先锋意识和当代设计的理念。

Tips
☎ 014-1330-5431 ¥ 免费 ◷ 周一至周六 9:30—17:00,节假日不开放

25 布雷尔收藏馆

工业巨子的私人收藏馆

布雷尔收藏馆的前身是工业巨子布雷尔爵士的私人珍藏馆,后来捐献给了格拉斯哥,现在位于波勒克郊野公园中一个曾获奖的博物馆中。

收藏馆的外形一般,但内部装潢却恰到好处,从地板连至天花板的落地窗让自然光完全照进来,外面的树木和风景更衬托出展品的效果。这个富有个人风格的收藏馆的展品包括中国制的瓷器、中世纪时代的家具、画家雷诺亚和塞尚的油画等。

Tips
📍 2060 Pollokshaws Road, Glasgow G43 1AT ☎ 014-1287-2550

英国攻略 苏格兰

177

26 特威德河
英格兰与苏格兰的界河

Tips
英格兰和苏格兰交界处

特威德河是苏格兰东南部和英格兰东北部的河流，源于特威德韦尔斯西南的边境地区，河流大致向东流，形成英格兰与苏格兰的界河。向东进入河谷，接纳塔拉沃特和莱纳河后向东，穿高地出峡谷，过梅尔罗斯，有莱滕、加拉和埃特里克-亚罗等支流汇入，流经广阔的默斯盆地农区，至凯尔索接纳蒂维厄特河后，在英格兰特威德河畔的贝里克注入北海。全长约有156公里，特威德河谷有毛织和商业等城镇。

特威德河畔的贝里克小镇位于苏格兰和英格兰的交界处，它是唯一一个位于英格兰境内，但可以观看苏格兰足球联赛的城镇。女王伊丽莎白一世修建了城墙以使小镇免遭更多的攻击，这片城墙至今仍是欧洲最完整的都铎式城墙。

27 格拉姆斯古堡

●●● 苏格兰最著名的城堡之一　　★★★★ 赏

Tips
- Glamis Castle, Forfar, Angus DD8 1QJ
- 013-0784-0393　3月至10月10:00—18:00（16:00后停止进入）；11月至12月11:00—17:00（16:00后停止进入）；12月25日、26日不开放

　　格拉姆斯堡矗立在苏格兰草原与森林之间，古堡掩映在一片森林深处，有棕红色砖墙和青灰色尖顶，以及漂亮整齐的都铎式花园。诺曼底式的角楼将古典的苏格兰塔楼围起，兼有法国与苏格兰的建筑风格。它曾是莎士比亚名著《麦克白》中主角麦克白谋杀国王邓肯一世的地点。

　　格拉姆斯城堡虽地位显赫，但规模不大，地势偏远，是什么让它成为苏格兰最著名的城堡之一呢？原因很简单——因为它闹鬼。格拉姆斯城堡如今记录在案的幽灵事件超过100宗，其中流传尤为广泛的，是厚厚的墙壁中传来哭泣声，身穿白衣的伯爵夫人在夜间游走，以及领主与恶魔打牌。时至今日，仍不断有人宣称在格拉姆斯城堡附近遇见灵异事件，如今甚至有一些当地旅行社开发了专门在夜间出行的寻鬼旅行团，来满足游客寻求刺激的心理。

28 凯恩戈姆国家公园

●●● 英国面积最大的国家公园　　★★★★ 玩

　　凯恩戈姆国家公园位于凯恩戈姆的中心位置，公园于2003年建成，它占据了苏格兰约10%的面积，是英国面积最大的国家公园。

　　它是欧洲最后几个野外区域之一，长久保持着它的魅力，这里栖息着多种珍稀的野生动植物，包括了英国25%的濒危物种，这里还有大量古代天然森林的后代——古喀里多尼亚松林。从山地苔原、岩石小道到荒野和森林，公园内的地形变化多样。公园内的湿地和湖泊上，尤其是在Boat of Garten，还不时可以看到有鱼鹰飞过。动植物的颜色变幻无穷，极为壮观，石南沼地和一望无际的峡谷是红鹿和金鹰经常出没的地方。

Tips
- Cairngorms National Park, Nethy Bridge, Scotland
- 087-0004-1104　周一至周日9:00—13:00；14:00—17:00

29 尼斯湖

风光优美的水怪出没地

尼斯湖位于英国苏格兰高原北部的大峡谷中，湖的面积并不大，却很深，最深的地方有290米左右。尼斯湖终年不冻，两岸陡峭，树林茂密。湖的北端有河流与北海相通。

尼斯湖是由地裂而形成的，因此形状狭长，远远望去，犹如一条长河流淌在两岸的崇山峻岭之间。两岸的山脉随着天气和季节的变化呈现出不同的颜色：冬天是一片湛蓝，春天便是黄绿相间，夏天是翠绿，秋天则是红黄相间。绚丽多姿的山峦倒映在湖水中，美丽的景色宛如一幅幅油画。自古以来，人们便传说尼斯湖中有怪兽存在。成千上万的旅游者每年从世界各地蜂拥而至，虽说没有机会见到水怪，但也享受到了尼斯湖诗情画意般的自然风光。

Tips

尼斯湖位于英国苏格兰高原北部的大峡谷中　014-5645-0573　成人5.95英镑，优惠票4.5英镑　7月至8月9:00—20:00；6月至9月9:00—18:00；10月9:00—17:00；复活节至5月9:30—17:00；11月至次年复活节10:00—15:30　从因佛尼斯乘坐旅游巴士可达

30 格伦科峡谷

《勇敢的心》拍摄场景

由梅尔·吉布森主演，讲述威廉·华莱士激动人心故事的电影《勇敢的心》在全世界拥有众多影迷，电影中风光迷人的格伦科峡谷每年都吸引了众多影迷和观光客来到这里。现今在达雅山上还矗立着威廉·华莱士的纪念碑，是对那段历史感兴趣的游人不可错过的一处地方，而当地迷人的风光则令每一个来到格伦科峡谷的游人驻足停步，用手中的相机记录下这里的风景。

Tips

Abbey Craig,Hillfoots Road,Causewayhead,Stirling FK9 5LF　013-1440-2159　成人6.5英镑，学生和老人4.9英镑，儿童4英镑　10:00—16:15

31 安尼克古堡 75分!

《哈利·波特》中的魔法学校 ★★★★

在《哈利·波特》系列电影中，那座矗立在湖畔的古堡吸引了无数《哈利·波特》的粉丝。尖塔成群的古堡拥有无数明亮的窗口，在夜空中闪烁着点点灯火，濒临的湖面宛若镜面一般平静。现实中的"魔法学校"名为安尼克古堡，是一幢位于苏格兰的中古世纪风格的古堡，在维多利亚时代曾经享有"北部温莎堡"的美誉。作为诺森伯兰公爵的住所，安尼克古堡依山傍水，周围绿树成荫。此外，风景优美的安尼克古堡还曾经在其他很多电影中出现，诸如凯文·科斯特纳主演的《侠盗罗宾汉》也是在这里取景的。

Tips

Alnwick,Castle,Baliffgate,Alnwick,NE66 1NQ ☎ 016-6551-1178 ¥ 成人11.95英镑，学生和老人9.95英镑，儿童4.95英镑 10:00—17:00

33 圣安卓

高尔夫球的发源地

★★★★ 赏

Tips
- 爱丁堡北部
- 从爱丁堡乘火车至Leuchars车站，后换乘巴士即达，行程约1小时15分钟

位于爱丁堡之北的圣安卓是高尔夫球的发源地，这里有高尔夫球迷的圣地——紧临北海的老球场，天然的沙坑以及杂草区最适合打高尔夫。自15世纪开始就成了高尔大球迷的热门场所。这里标准杆数有70万余码，自然而成的地理环境更是闻名于世，其中有112个天然沙坑，拥有著名的第十四洞Hell以及第十一洞Strath，而第十七洞Road Hole更是让很多高尔夫球迷闻风丧胆，若是能一次完成18洞，那你绝对会领略到前所未有的满足感。如今的老球场已举办过高达26次的高尔夫公开赛，每年都会吸引全世界几千名高尔夫球高手前来一试身手。在这个公众球场上，每个人都拥有平等的机会在此打球。在球场的周围有着英式贵族风格的老球场旅馆，而临近的林克斯街上，更开设有多家历史悠久的高尔夫球用品经典老店，手工定制的球杆深得职业选手的喜爱。另外，若是来此观赏英国高尔夫球公开赛，一定要尽早预定旅馆。

32 罗蒙特湖和特洛萨克斯山国家公园

风光迷人的国家公园

★★★★ 玩

Tips
- Loch Lomond and the Trossachs National Park,Stirlin,FK8
- 013-8972-2600（罗蒙特湖旅游服务中心）
- 从格拉斯哥乘Citylink926路即达

罗蒙特湖和特洛萨克斯山国家公园创建于2002年，这里实际距离格拉斯哥仅有一个小时的车程，距爱丁堡的距离也并不遥远，但只要进入到园内就会有一种远离了城市喧嚣的感觉。园内被分成四个部分：首先是整个英国最大的淡水湖——罗蒙特湖，它紧挨着美丽的罗蒙特山，周围包括巴尔马哈、拉斯和塔比特。这里是最有名和最拥挤的地区，游轮会在巴洛克和巴尔马哈之间往来，因其优美的景色而备受游客欢迎。其次是地处阿伯福伊尔和米兰德之间的特洛萨克斯山，这里有广阔的峡谷和波澜壮阔的湖水，拥有丰富的历史和传统。之后是北部的布雷多尔，这里有着苏格兰最美丽的山脉。苏格兰最高的山脉和最长的峡谷都集中于这个开阔的空间之内。最后是可以俯瞰天涯海角的阿盖尔，游客可在附近的度假村中度过美好的假期。

34 威廉堡

● ● ● 苏格兰独具特色的旅游景点 ★★★★ 赏

Tips
📍 Cameron Square Fort William Inverness-shire,PH33 6AJ ☎ 013-9770-3781

历史悠久的威廉堡位于Linnhe湖的顶端。它是通往苏格兰西部高地的门户，更是苏格兰内一个独具特色的旅游景点。在威廉堡的后面，高耸着本尼维斯山。其山顶常年被白雪所覆盖，纯白无瑕，一片圣洁景象。到了傍晚，这里拥有无与伦比的日落美景，晚霞配以圣雪，绝对美艳绝伦。在威廉堡，你还可享受到配备完整的汽车高速公路服务，因为威廉堡大部分的优秀景点都分布在镇外。湖边有一条双车道公路，沿着它一路奔驰，可尽赏湖光山色，美不暇接。威廉堡的周边有着高地上最好的山脉和峡谷，巍峨耸立，一望无边，充满豪气和大自然的气息。这里每年都会吸引大批的徒步旅行者和登山者——只因本尼维斯山是英国的最高点，很多人都想要征服它。而因《勇敢的心》等电影在此取景，尼维斯大峡谷更是给人们留下了深刻的印象。除此之外，这里还有苏格兰最好的滑雪场可供游客大显身手。Leanachan森林更是吸引了众多山地自行车爱好者。威廉堡实为一处旅游胜地。

35 苍穹岛

● ● ● 英国极北的迷人小岛 ★★★★ 赏

苍穹岛位于苏格兰陆地的西海岸，它是苏格兰内赫布里底群岛中最大和最北的岛屿，与苏格兰本土相距最近。岛内大多为高位沼泽地，并不适合开垦种植，这里有卡博斯特的威士忌酿造业，乌伊格的硅藻土开采和加工厂。波特里是苍穹岛上最大的居民点，也是最主要的城镇。这里崇尚自然，风景怡人，生产苏格兰呢、格子花呢以及羊毛织品。苍穹岛淳朴自然的秀丽景色吸引了云游四海的艺术家们，连绵的丘陵、陡峭的绝壁成为他们眼中独特的创作素材。还有许多远足者，尤其是向往隐居的隐士们也纷纷前往此地，寻找恬静的生活，清新的空气、崎岖的乡间小路无疑是他们的向往。同时，苍穹岛林海茫茫、丘陵纵横，成为许多登山者和徒步旅行者的最爱。若你不喜登山，还可与美丽的海岸线为伴，相依海边。苍穹岛的迷人特色还包括丰富的文化遗产和大量的野生动物，以及各种稀有的野生花卉。

Tips
📍 Bayfield House,Bayfield Road,Portree,Isle of Skye,IV51 9EL（旅游服务中心） ☎ 014-7861-2137（旅游服务中心）

英国
攻略HOW

Part.15 威尔士

威尔士全称为威尔士公国,其自然景致、风土民情及语言文化显得淳朴与乡村化,境内处处是田园乡村的恬静之美。

英国攻略 | 威尔士

威尔士 特别看点!

第1名! 加的夫城堡!

100分!

★ 加的夫的中心,宛如童话场景的城堡!

第2名! 天鹅海!

90分!

★ 浪漫的海滨城市,威尔士南部最美丽的城市!

第3名! 卡纳封!

75分!

★ 古代军事防线的重要部分,威尔士亲王册封地!

---

01 加的夫城堡 100分!

浓厚的威尔士风情 ★★★★

Tips
📍 Castle Street, Cardiff, CF10 3RB ☎ 029-2087-8100 💴 成人8.95英镑,学生和老人7.5英镑,儿童6.35英镑 🕐 3月至10月9:00—17:00,11月至次年2月9:00—16:00

拥有2000多年悠久历史的加的夫城堡坐落在威尔士首府加的夫的城市中心,犹如王冠上的宝石,璀璨亮丽。城内城外为两个不同的世界,城堡内部只能以游客的身份进入参观,其优美的风景备受世人称赞,慕名而来的游客络绎不绝。在古朴典雅的古堡内,你可以领略到浓厚的威尔士风情。站在这个12世纪诺曼底人修建的古堡顶上,可以一览全城的典雅风景。这座城堡从一个古罗马堡垒,发展成为一个各时期建筑的混合体。它也曾经历战争而变成千疮百孔的废墟，然而，城堡又在世界最富有的人——布特侯爵手中变成了如今的形态。现今的加的夫城堡仍然保持着它金碧辉煌、极尽奢华的身姿。修复过的城堡内拥有百余个房间，它仿哥特式豪华奢侈的建筑特点不禁让人赞叹，建筑的内部装饰同样奢华至极——金碧辉煌的房间、精雕细琢的装饰、古朴典雅的壁画，让人们尽享异彩纷呈的文化盛宴，向世人展示了其无与伦比的古今魅力。

英国攻略

威尔士

02 加的夫市政厅
文艺复兴时期的宏伟建筑

市政厅坐落在加的夫的中心地带。在开阔草地和宽阔的大道上，主要建筑由政府大楼、法院、博物馆、大学校园组成。其中给人留下深刻印象的是它的核心建筑——市政厅礼堂，它是世界上最好的文娱中心，1998年6月的欧洲理事会会议就于此举行。市政厅拥有一个面积很大的花园和令人印象深刻的林荫大道。大会堂于1906年启用，它采用英国文艺复兴时期的建筑风格，外观用波特兰石雕刻而成。大会堂内部向人们展示了丰富的艺术收藏品，包括约瑟夫·法夸尔松的《冬天》等世界著名的艺术珍品。大会堂钟楼以其大胆和非对称的独特建筑风格，成为这里最鲜明的标志性建筑。宏伟的大理石大厅展示了西恩纳铜牌，特别值得参观的是其北端的大门所在的会议室。这个华丽的会议室是接待世界各地首脑、国家元首和外交官的重要场所。多年来目睹了许多场热情辩论的圆顶大会堂，是处于建筑正下方的安理会会议厅，它在今天还提供许多其他用途，包括记者招待会、电视辩论、会议和婚礼仪式。

Tips
🏠 35 Maiden Lane London,WC2 7LB
☎ 029-2087-1727

03 威尔士城堡工艺品百货

●●● 选购各种威尔士特色纪念品 ★★★★

Tips
🏠 1-3 Castle Street,Cardiff,CF10 1BS
☎ 029-2034-3038

在威尔士首都加的夫购物是一种享受，城市多数地区都建有步行街，城市的绿化也让人感觉舒服。位于高圣街的购物长廊里全部是时髦别致的小店，出售新款和二手服装、珠宝及手工艺品。全市最大的纪念品和礼品店位于加的夫城堡的正门对面。如果你是旅游观光的威尔士游客，想要寻找一些礼物带回家，这个繁忙的绿色小礼品店绝对是一个值得去的地方。石板俑首饰、毛绒龙等工艺品是游客们的最爱。而木制的威尔士爱汤匙(lovespoon)是威尔士最有代表性的特产，在当地的习俗中，这种爱勺是青年男子用同一块西卡莫木料雕刻而成，当做定情信物送给自己的心上人。爱勺柄上不同的设计有其特定的含义，如心型代表爱，马蹄代表好运，锁链代表永远不分离，钟代表婚礼，钻石代表财运，十字架代表信仰，花代表喜爱，滚珠代表子女，龙代表护卫等等。一件件精心雕刻的木制手工艺品，一把把精美的木质餐具让人爱不释手。这种传统木艺品已渗透到威尔士人的文化生活中，并以其独特的方式表达着期盼、浪漫与温馨。

04 加的夫千年球场

●●● 加的夫的千禧年地标建筑 ★★★★

Tips
🏠 Westgate Street,Cardiff,CF10 1NS
☎ 087-0013-8600 💰 成人6.5英镑，学生和老人4.5英镑，儿童4英镑 🕐 周一至周六10:00—17:00，周日10:00—16:00

雄伟的加的夫千年球场是世界上最大的拥有可移动盖顶的运动场，这里除了举行各种体育比赛外还举办音乐会、展览会等，2005年更是成为世界汽车拉力赛首次室内比赛的场地。这座球场是英格兰联赛杯决赛和慈善盾杯的举行地，而且还有着不可思议的魔咒，就是但凡用南更衣室的球队就基本上没赢过，为这座球场增添了一层不可思议的色彩。有趣的是，一次用南更衣室赢球的那支球队据说是请了中国的风水大师，在更衣室放置了一扇屏风才得以赢球的，那扇屏风至今仍在。这座于1999年建成的球场具有鲜明的现代主义建筑特色，棱角分明的钢筋铁骨无一不彰显了现代建筑艺术的美感，球场内的草皮是可以移动的，可以举行多种比赛。走进球场可以感受到球迷们的狂热，雄壮的歌声与起伏的人浪会一直陪伴着在球场上奔跑的队员们度过那激情四射的90分钟。球场外水池边绿树成荫，各种飞鸟也栖息在这里，周边还有各种球迷酒吧与露天咖啡厅，可供游人休息。

05 威尔士国家博物馆和美术馆
欧洲最好的印象派作品收藏馆之一

Tips
📍 Cathays, Park Cardiff, CF10 3NP ☎ 029-2039-7951 ¥ 免费 🕒 周二至周日10:00—17:00

于1927年对外开放的威尔士国家博物馆和美术馆是欧洲最优美的城市建筑之一,也是欧洲最好的印象派作品收藏馆之一。如果你喜欢艺术,那就直奔加的夫的国家博物馆和画廊吧,这里绝对是一个值得流连的地方,全英国都找不出第二家同样的艺术和科技展览馆。在英国众多的博物馆中,无论是艺术藏品还是科技展出,它都是独一无二的。博物馆对游客是免费开放的,艺术藏品网罗了500年来威尔士及世界各地最为优秀的绘画作品、雕塑、银器和陶制品。这个城市曾一度是世界上最富有的城市,这些珍贵的藏品是加的夫作为国际大都市的一大特色。除了动植物展厅和海洋生物展品外,还有16~19世纪的欧洲绘画,收藏有自然主义和抽象主义,以及法国印象派大师如塞尚、莫奈、雷诺阿、凡高等人的作品。如此众多响亮的名字,如此琳琅满目的展品,会让人们身处艺术的殿堂里度过传奇的一天。

06 加的夫湾
欧洲最大的海滨物流集散地

曾被称为世界上最大的煤炭出口港的加的夫湾是欧洲最大的海滨物流集散地,每年吸引游客百万人。这里曾经是大型煤炭码头,有"老虎码头"之称,现在新旧结合,极为引人注目。经过多年的不懈改造,加的夫湾已脱尽了昔日的满身煤污,从一个巨大的煤码头变成一个游人如织、水陆交通便利的旅游中心,拥有比较完善的商业、旅游和休闲设施。海湾是由两条河流——塔夫和伊利河所组成,形成了一个2平方公里的淡水湖泊,一座大坝横锁两条河流的交汇口,形成了碧波清澈的巨大人工潟湖。在它的带动下,这里成为人们的休闲旅游地和有着未来发展潜力的海湾。这里坐落着威尔士国民会议中心以及若干博物馆、酒吧和餐厅。很多有污染的重工业工厂已迁走,取而代之的是崭新的办公楼和政府机构。这里是国际知名的旅游景点,拥有国际性的酒吧、商店和淡水湖泊,各种活动和娱乐相结合,让人感觉充满活力,在这里可以尽情享受加的夫海滨独特的氛围。

Tips
📍 Cardiff Bay Visitor Centre, Cardiff Bay, Cardiff, CF11 7HB ☎ 029-2087-7927 ¥ 免费 🚌 从加的夫市中心乘巴士即达,行程约5分钟

07 码头大厦
●●● 浓厚的工业时代气息　★★★★ 赏

属于一级保护建筑的码头大厦是加的夫的一个标志性建筑物，与加的夫湾相毗邻。由著名建筑师威廉设计，并于1897年投入使用，最初叫做比特港口码头公司，后更名为加的夫铁路公司，并作为企业总部。如今作为记载威尔士历史的博物馆向公众重新开放。目前，码头大厦是举行威尔士国民议会的重要场所，用于国家重大场合。这幢建筑最引人注目的是它红色的外墙和维多利亚时代的建筑结构，以及在夜晚降临后灿烂的灯光照明。结合法国哥特式文艺复兴时期的建筑特点，它的外观由成品釉面陶制成，整栋建筑充满了浓厚的工业时代气息。码头大厦拥有独特的钟楼和高度的观赏性，被称为"宝贝大本钟"或"威尔士大本钟"。

Tips
Martime Road,Cardiff CF10 4PZ　从加的夫市中心乘巴士即达，行程约5分钟

08 科技馆
●●● 探索科技的奥秘之地　★★★ 赏

科技馆是建于1986年的教育慈善机构，目的是鼓励人们产生对于科学的热情并去学习。它位于曾经的干船坞对面，用玻璃和钢建成超现代的建筑结构，里面设有一个别开生面的互动式展览，可以让参观者通过游戏、实验去揭示各种科学原理。

Tips
Techniquest, Stuart Street, Cardiff Bay, Cardiff, CF10 5BW　029-2047-5475　成人票7英镑，学生、老年及儿童票5英镑　上课日：9:30—4:30；其他时间：10:00— 17:00；12月24日至26日和1月1日闭馆

09 圣费根国立历史博物馆
●●● 探索威尔士人的起源　★★★★ 赏

这是一座关于威尔士人起源的博物馆，也是欧洲最早的露天博物馆之一，占地面积约40万平方米。一层用于展示不同年代的农业生活，另一层用于展示直至维多利亚时代前后的传统服饰。花园内立有仿制的威尔士建筑。

Tips
St. Fagans National History Museum, Cardiff, CF5 6XB　029-2057-3500　免费　10:00—17:00（周一的银行假日也开放）

10 威尔士生活博物馆

了解威尔士的历史 ★★★★ 赏

Tips
🏠 加的夫以西4公里的圣法根斯　☎ 029 8047 5475　💰 免费　⏰ 10:00-17:00　🚌 从加的夫巴士站乘巴士即达，行程约20分钟

坐落在圣法根斯的威尔士生活博物馆是一座著名的露天博物馆，占地百余亩，位于威尔士首府加的夫以西约4公里。其户外展览非常独特，包括古老的凯尔特部落、15世纪的教堂、庄园、猪圈、商店、工厂和面包店，并配有正宗的文物。博物馆的主体是由从全国各地追踪威尔士历史和文化而来的30余座原始建筑重建而成，在这个有趣的室外文物旅游景点中，游客可以自由穿梭在不同的建筑物间，更加生动地去了解和感受不同时期威尔士人民的生活气息，身临其境地体验威尔士历史。在充分享受绿地、空气、阳光和自在的同时，游客可以直面威尔士早期多个生活场景，在观赏其住屋、学校、院子、教堂、农田、面包坊、农舍、染坊、铁匠铺等古迹中，能充分感悟威尔士浓厚的民俗民风。这个民风浓郁的露天博物馆和其他所有景点至少需要4个小时去探索，此地免费对外开放，是一处深受人们欢迎的露天景观。

11 威尔士议会大厦

威尔士议会的办公地 ★★★★ 赏

位于加的夫湾附近的威尔士议会大厦是由著名设计师Richard Rogers设计建造，并由女皇伊丽莎白二世剪彩的。威尔士议会大厦高三层，现代感很强，其线条清晰优雅，十分精巧，大部分的墙体是玻璃，而周围则是公共空间，内部一目了然。整个建筑尽可能透明，这给了人们一个开明政府的形象。它的设计参考了古希腊的市场和庙宇的风格。大厦侧面是多利安式的圆柱，正面和背面是门廊。屋檐用细细的钢质梁柱支撑，整个结构很像是一把雨伞，这样的结构很好地把公共空间、接待区、庭院、咖啡馆、会员茶室、展览区、会议室和辩论室结合了起来。

看上去它更像是一座现代版的卫城，俯瞰着游船往来的整个海湾。80个座位的圆形议会厅采用了自然通风的方式，模仿了中世纪建筑中常用的风塔，运用大型的烟囱通风，风力推动旋转式不锈钢罩子保持大厅的空气清新。建筑两端的会议室和办公室用内部的庭院分隔开，开放式的窗户和屋顶的水帮助降温，还把屋顶上太阳的热量反射出去。有了这样的结构，只有夏天天气闷热时才会用得上空调。

Tips
🏠 Cardiff Bay,Cardiff,CF99 1NA　💰 免费　⏰ 10:00-17:00　🚌 从加的夫巴士站乘巴士即达，行程约20分钟

英国攻略　威尔士

12 卡菲利城堡

●●● 飘在水上的堡垒 ★★★★ 赏

　　卡菲利城堡建于13世纪初，面积仅次于温莎城堡，是英国第二大城堡。它是一个被两层护城河包围着的城堡，见证了中古时代威尔士抵御侵略的历史，当初修建卡菲利城堡的目的是为了压制威尔士人，战争曾经把它严重摧毁。如今这个规模宏大的堡垒庄严地矗立在一片茫茫水泽的后面。从远处看过去，整个城堡就像漂在水里一样，极富特色，也十分美丽。

> **Tips**
>
> 🏠 Cadw, Welsh Assembly Government, Plas Carew, Unit 5/7 Cefn Coed, Parc Nantgarw, Cardiff, CF15 7QQ　☎ 014-4333-6000　¥ 3.50英镑　⏰ 6月至9月9:30—18:00；4月至5月、10月9:30—17:00；11月至次年3月周一至周六9:30—16:00，周日11:00—16:00；1月1日和12月24日至26日闭馆

13 兰塔夫大教堂

●●● 久负盛名的《庄严基督》 ★★★ 赏

> **Tips**
>
> 🏠 Llandaff Cathedral, Administration Office, Prebendal House, Llandaff, Cardiff CF5 2LA　☎ 029-2056-4554(10:00—13:00)；029-2056-3897　¥ 免费　⏰ 周一至周六9:00—17:30，周日7:00—15:30

　　在古堡西北2—3公里处的塔夫河谷，有一个幽雅闲逸的大教堂。它始建于1120—1280年，在宗教改革运动后一度沦为废墟，18世纪得以修复。如今，唱诗台和中殿之间被一个混凝土拱门隔开，饰有几个唱诗台祷告席的图案，这里的一尊由雅各布·爱泼斯坦用铝材创作的《庄严基督》大型雕像极为有名。

14 国家煤矿博物馆

●●● 感受真实的矿下作业 ★★★ 赏

这里是英国最主要的矿类博物馆之一，是一个真正的大矿井。你将随同一位虚拟的矿工进行一次多媒体现代采矿之旅，下到地下90多米，去真实地感受煤矿表层作业的矿工生活。它的设备能够迎合各年龄层次游客的需求，同时寓教于乐，将会带给你激动人心、充满收获的一天。

Tips

📍 National Coal Museum, Blaenafon, Torfaen, NP4 9XP ☎ 014-9579-0311 ¥ 免费 ⏰ 9:30—17:00；地下之旅：10:00—15:30，每隔一定时间开放，现在起12月和1月也开放

15 国家羊毛博物馆

●●● 羊毛传说的新奇之旅 ★★★ 赏

国家羊毛博物馆在2004年重新开放，在这里你会看到墨林泰非商业羊毛工厂基地的编织生产，还有一个新的陈列室，展示了国家平面编织珍藏品。你可以参与一个名为"羊毛传说"的活动，可以用羊毛布料自行设计，尝试着用自己的手进行梳理、纺纱和缝纫，全程体验编织的乐趣。博物馆里和善的工作人员会随时随地进行示范并回答问题。羊毛业是威尔士历史上最为重要和传播广泛的产业。位于美丽的泰非河流域、风景如画的德雷法赫·费林德村庄曾经一度是兴旺的羊毛业中心，有威尔士的哈德斯菲之称。

Tips

📍 National Wool Museum, Dre-fach Felindre, Llandysul, Carmarthenshire, SA44 5UP ☎ 015-5937-0929 ¥ 免费 ⏰ 4月至9月10:00—17:00；10月至次年3月周二至周六10:00—17:00

英国攻略 威尔士

16 卡里迪加庄园

●●● 奢华的贵族庄园

这个庄园建于1664—1672年,是巨富摩根家族的邸宅。它是威尔士最别致的建筑之一,也是英国17世纪最杰出的建筑之一。摩根家族既是地主,又是企业家和开拓者。庄园的大花园依旧保持着家族奢靡挥霍的特性,尤其是豪华的铸铁大门及几何图形的花坛,是英国当时最漂亮的建筑之一。

Tips
📍 Newport 16公里处,Wales ☎ 016-3381-5880 💰 5.4英镑,儿童免费 🕐 从复活节至9月最后一个周日,导游陪同参观(1.25小时),周三至周日11:30—16:00;其余月份要预约

17 红堡

●●● 充满神话故事的古堡

Tips
📍 Tongwynlais Cardiff CF15 7JS ☎ 029-2081-0101 💰 3英镑 🕐 9:30—17:00 🚌 从加的夫巴士站乘巴士即达,行程约30分钟

19世纪后期建造的哥特式风格的红堡是建筑怪才威廉·伯吉斯第三侯爵的佳作,这是一座充满神话故事的城堡,又名科赫城堡。掩映在城市以北的树林之中的它,简直是一座拥有中世纪浪漫理想的童话城堡。漂亮的红色围墙是其名字的由来,目前这座古堡主要用于当地居民举办婚礼庆典。城堡以维多利亚建筑风格为特色,六角形尖顶、圆筒状设计使它更像是一座迪斯尼的梦幻城堡。城堡的内部装饰和家具是地道的中世纪风格,尤其是华丽的起居室,有着维多利亚哥特式的风格,据说取材于《伊索寓言》。这座古堡也是布特侯爵留给这座城市的遗产之一。11世纪后期至12世纪初,诺曼人为兴建军事要塞,把它建架在山坡上。19世纪后期,当时威尔士最富有的人将其改建成哥特式最具神话色彩的城堡用以自居。红堡和周围乡间景色完美地融合在一起,它的存在似乎在表示:只要你有用之不绝的钱,你就可能梦游仙境,实现理想,享受繁华和奢侈。

18 斯诺登尼亚国家公园

●●● 威尔士最著名的国家公园　　　★★★★

威尔士北部群山环绕的斯诺登尼亚国家公园是威尔士首座国家公园。斯诺登尼亚有雄伟的城堡和适合全家游览的景点，国家公园景色美到极致。每年约有数十万人来到斯诺登尼亚国家公园，从不同的登山门出发攀登雪墩峰。在这里你不仅可以看见斯诺登尼亚国家公园美丽的山脉、沼泽、海岸线，以及壮观的大瀑布和蔚蓝色的湖泊，还可以体验各种刺激惊险的运动，如高空绳索、极限攀岩、河中皮划艇、游绳下降、滑浪、陆上快艇，或者是乘独木舟，再或者是野外探险等。你甚至还可以搭乘蒸汽火车到高达1100米的斯诺登尼亚山顶去一览威尔士的全景。游客可以忘记平日喧嚣的生活，无论是爱好登山运动还是喜欢休闲漫步的人士，即使是儿童在这里都能找到自己的乐趣，他们可以在蒸汽铁路上感受坐火车的乐趣，

到农场公园玩耍，还有多姿多彩的活动中心。西部毗邻一望无际的金色沙滩，可以安全畅游。保存完好的中世纪城堡是斯诺登尼亚最吸引人的地方，置身其中，仿佛目睹了当年动乱的场景，闻到战场弥漫的硝烟。在这里你可以领略到北威尔士的奥秘与传奇。

Tips

🏠 Royal Oak Stables,Betws-y-Coed,Conwy,LL24 0AH(旅游服务中心)　☎ 017-6677-0274　🚌 从伦敦尤斯顿火车站乘火车至班戈，后换乘公车，约30分钟即达；或从伦敦尤斯顿火车站乘火车至贝兹考德，车程约4小时

英国攻略　威尔士

195

19 波特梅里恩
●●● 意大利风格的乡村 ★★★★ 逛

波特梅里恩是一座小镇，背靠着斯诺多尼亚的多座丘陵，面朝大海和Traeth Bach海滩。这里的一砖一瓦都出自于威廉·埃利斯·克拉夫爵士之手。波特梅里恩村建于20世纪二三十年代，建筑师在荒蛮而富有异域情调的园林当中，设计兴建了一座意大利风格的乡村。乡村里的建筑取材于废弃的纪念碑和雕塑。这个"意大利村"坐落在江河的入海口，你可以穿过地道，来到这个坐落在绝壁上的花园乡村，来找寻利用现成材料拼凑而成的教堂和灯塔，还可以远眺辽阔的Black Rock海滩。

Tips
🏠 **Portmeirion, Gwynedd, LL48 6ER, Wales**
☎ 017-6651-2981 🕙 7月至8月9:30—18:00;复活节至6月底及9月至10月9:30—17:30;其他时间9:30—17:00，周日休息

20 哈勒赫古堡
●●● 威尔士古堡群之最壮观 ★★★★ 赏

Tips
🏠 **Harlech, Gwynedd, Wales** ☎ 017-6678-0552 ￥ 3.5英镑 🕙 4月至10月9:30—17:00（6月至9月9:30—18:00）；11月至次年3月周一至周六9:30—16:00，周日11:00—16:00；1月1日和12月24日至26日不开放

哈勒赫古堡是北威尔士古堡群中最壮观的，是四大古堡之一。城堡始建于1283年，1289年落成。它的作用很简单：锚定格温内思郡的西南地区。哈勒赫古堡位于北威尔士利恩半岛南侧，西临爱尔兰海。整座城堡高耸于一座距离海面60多米、裸露出岩石的礁崖之上，俯瞰着湛蓝的海湾。作为英国最著名的城堡之一，哈勒赫古堡也是一处历史悠久的名胜古迹。从峭壁上放眼向城镇的南部望去，城堡的壮观景色、海水和山的相互映衬简直是美不胜收。

21 天鹅海 `90分!`

●●● 美丽的海滨城市　　★★★★ 赏

英格兰威尔士的斯旺西也译作"天鹅海"，是威尔士的第二大城市。这是一个美丽的海滨城市，是英国最著名的冲浪水域，同时也是重工业中心。虽然优雅的天鹅只生活在内陆的河湖中，但从地名来看这里应该也曾经与天鹅有着密切的联系。让人印象最深的是斯旺西明媚的海滩上如低垂的棉花似的白云，还有海边美轮美奂的斯旺西大学和它附近一望无际的开满野花的草地。令人头脑中回响起几首不同时期有关草地和原野的、和缓忧伤动人的歌曲。在斯旺西，喜欢诗的人很多，所以有人将这里戏称作"诗歌海"。这里也一直是舞文弄墨和颇具文学素养的恋人们梦寐以求的地方，可以说，斯旺西的每一个情人节都伴随着诗歌朗诵会和文友的笔会，诗兴大发的恋人们到处涂鸦，所有的地方都可以读到他们关于爱情、关于生命的格言和诗句，这里成为恋人们来此共度二人世界的绝佳纪念地。

Tips
- 威尔士南部
- 从伦敦Pattington车站搭乘火车即达，行程约3小时

英国攻略 | 威尔士

英国攻略

威尔士

22 卡纳封　75分!
宏伟的军事堡垒　★★★★ 赏

　　卡纳封是英国罕见的深受拜占庭帝国影响的城堡，多边形的塔楼在以圆形塔楼为主的英国实属罕见，这座城堡不但是"铁环"防御中最大的一处堡垒，还是英格兰诸多城堡中的建筑精品。卡纳封城堡还是英国举办英王长子受封威尔士亲王的地方，因此极具历史意义。卡纳封城堡是一个类似矩形的环状建筑，一个个高耸的塔楼由坚固的城墙连接起来，而巍峨的主楼位于堡垒群的中心地带。国王门位于城堡的北侧，是这里的唯一一处入口，也是古代城堡攻防的重点，这附近的城墙上至今仍看得到战火残留下来的痕迹。鹰塔是卡纳封诸多塔楼中最精美、最重要的一座，这里紧邻海峡并扼守着峡口的闸桥，内部装饰则豪华精美，历来是英国王室的御用之地。皇后塔是威尔士皇家燧发枪手团博物馆，这里不但记录着这个团的赫赫战功，还有他们所用过的武器及生活用具。这座威尔士最著名、最宏伟的城堡现在与周围的秀丽风景和谐地融为一体，清澈的护城河上倒映着城墙上的奇妙图案，这些图案是由不同颜色的石头围成的条带所组成的。

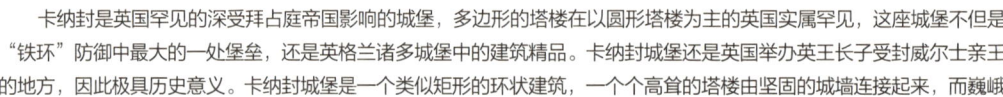
Tips

📍 Pen Deitsh,Caernarfon,LL55 2AY　☎ 012-8667-7617　💰 成人4.95英镑，儿童4.6英镑　🕐 11月至次年3月周一至周六9:30—15:30，周日11:00—15:30；4月至10月9:00—16:30　🚌 从伦敦乘长途巴士即达，车程约8小时

23 康威城堡
● ● ● 壮观的中世纪古堡　★★★★ 赏

Tips
- 5 Rose Hill Street, Conwy, LL32 8LD
- 014-9259-2358　4.6英镑，儿童4.1英镑
- 11月至次年3月周一至周六9:30—15:30，周日11:00—15:30；4月至10月9:00—16:30　从切斯特乘火车即达，车程约1小时

建于爱德华一世在位期间的康威城堡位于威尔士北部海岸，和该地区很多城堡一样，康威城堡的设计者是詹姆斯。如今，康威城堡以其重要的历史价值而成为一个重要的旅游景观，很多游客都慕名而来，一睹这座古堡的风采。在城堡上，游客可以在指挥石上看到整个的康威。

康威城堡似乎是天然的军事据点，拥有以8座筒状塔楼为特色的城堡，以及总长度1.3公里、共设置21座壁塔的城墙。城墙高度为9米，城堡塔楼从地面算起将近50米高。这样的城堡对当时以刀剑矢石为主的攻城火力而言，堪称固若金汤。爱德华一世也开放了城墙内的土地，以收取租金的方式供百姓居住，直接促进了康威的发展与繁荣。康威城是英格兰在威尔士的王权象征，随着烽火弥减，城堡也渐渐被遗忘，但那封存未变的中古容颜，却成为了现代旅人的怀古去处……

24 英国最小的房子
● ● ● 康威的地标　★★★★ 赏

位于康威城北，康威河畔的一排房子中有一幢色彩鲜艳的红色房子，其1.8米宽、2.5米深的狭小空间当之无愧地被誉为英国最小的房子。在这幢英国最小的房子中生活着一对夫妇，游人不仅可以在房子前拍照留念，还可以在门口身穿古代服装的女解说的介绍下了解这幢小屋的历史和发生在其中的一个个故事。

Tips
- Quayside, Conwy, LL30 2YF
- 014-9259-3429　1英镑
- 10:00—18:00

英国攻略　威尔士

25 圣戴维斯
●●● 英国最小的城市 ★★★★ 逛

全英国最小的城市圣戴维斯，人口仅有1000多人。从地图上看，几乎找不到任何轮廓，很难想象，一个只有一座大教堂及数条不算宽敞的街道组成的小区，竟是英国著名的天主教圣城，精美壮观的12世纪大教堂如今依然耸立于城市中。整个城市被彭布罗克郡海岸国家公园包围，在英国可说独一无二。圣戴维斯市内，样样都是精致小巧的，只有位于市中心的圣戴维斯大教堂异常宏伟壮观，傲视整个城市。圣戴维斯教堂是威尔士最著名的宗教建筑，也是最小的英国天主教的朝圣之地。教堂于6世纪时为纪念威尔士守护圣徒大卫而建，同时也是整个城市最吸引人的旅游景点，不可不游。圣戴维斯确是一座真正美丽的村镇，登上路边一角筑有数段阶梯的古旧十字架高台俯看，城市景观一览无遗。市内数条街道，都是以大教堂为中心延伸开来，全是两三层高的传统英式矮房子建筑。在这里没有汽车穿梭往来的噪音及污染，加上周围栽满花草，市民及游人在此闲逛，随意坐下歇歇脚，感觉十分舒适惬意。

Tips
🏠 威尔士最西端　🚆 从斯旺西火车站乘火车至 Harber Ford West 车站，换乘巴士即达

26 安格尔勒西岛
●●● 威尔士最大的岛屿 ★★★★ 逛

Tips
🏠 威尔士西北方

风景优美的安格尔勒西岛是威尔士地区最大的岛屿，岛上除了有塞尔特人修建的基督教教堂和修道院外，还有英格兰王国修建的城堡。狭窄的麦奈海峡将安格尔勒西岛与不列颠岛分开，各处美妙的风景吸引着来自世界各地的游客。这座岛屿上绿树成荫，将起伏不定的丘陵和连绵的河谷装点得分外妖娆，而遍布全岛的多处鸟类栖息场所和自然保护区，是渴望自然的人们和鸟类爱好者的圣地。在绵绵细雨中漫步海滩，除了欣赏碧水连天的海景外，还可以探寻奇妙的岩石区潮水潭，遥望远端的爱尔兰岛的无穷风光，在这里还能体验多种水上运动，游客可以放风筝、玩帆板、潜水、冲浪和划独木舟。安格尔勒西岛又是一座历史悠久的岛屿，素有"威尔士之母"的美誉。岛上遍布着各种古迹，史前赛尔特人的纪念碑极具神秘色彩。博马里斯城堡是世界文化遗产威尔士城堡群的一部分，这座城堡雄伟壮观，圆形的塔楼被坚固的城墙连接起来，巍峨的主楼位于中心地带，几乎呈几何对称格局，被誉为最棒的"同心圆"城堡。

27 兰迪德诺

威尔士的人间仙境

> **Tips**
> 🏠 Llandudno ☎ 014-9257-7577（旅游服务中心） 🚌 从卡纳封或康威乘5.5C、X5路Arriva公车，或从潘尼帕斯乘S2都可达兰迪德诺

被誉为"人间仙境"的兰迪德诺是英国著名的海滨旅游度假胜地，英国王室每年夏季都会来此消夏避暑。这里风景优美、山水相依，相传是《爱丽丝漫游奇境》的发源地，小镇上原汁原味的维多利亚时期的建筑风情，更将人们带回到那个日不落的时代。蔚为壮观的石灰岩海角大奥姆斯角是兰迪德诺最著名的景点，层层叠叠的海浪拍打着棱角分明的海岸，游客们可以乘坐缆车登顶大奥姆斯角，把周边风景尽收眼底。兰迪德诺的海滩连绵不绝，漫无边际的金色沙滩是游客享受日光浴的最佳地点。新月形海湾是游客们流连忘返的地方，海岸步道被高大的树木所遮盖，长长的栈桥则是来往的必经之道，湛蓝的海水是适合游泳与各种水上运动的地方。爱丽丝漫游奇境游乐中心是深受孩童欢迎的游乐景点，这里的娱乐设施都是以那部著名的童话为蓝本建造的，游乐中心内还有铁皮人、稻草人等童话人物可与游客们合影留念。兰迪德诺小镇至今仍完好地保存了维多利亚时期的古老建筑。漫步在小镇的街道上，可以欣赏大英帝国全盛时期在建筑领域取得的辉煌成绩。

英国
攻略HOW

Part.16 北爱尔兰

　　北爱尔兰与英国本土遥遥相望，自然风光优美，空气清新，素有"绿王国"之称。广袤的绿色草原和数不清的青山绿水，勾勒出北爱尔兰独有的以"绿色"为主线的自然景观。

北爱尔兰 特别看点!

第1名!
巨人之路!

100分!
★ 奇妙的自然景观,北爱尔兰最著名的景观!

第2名!
贝尔法斯特市政厅!

90分!
★ 贝尔法斯特市区最具魅力的建筑,古老城市的地标!

第3名!
植物园!

75分!
★ 历史悠久的植物园,全球第一座植物园!

---

01 贝尔法斯特市政厅 90分!
贝尔法斯特的地标建筑 ★★★★ 赏

贝尔法斯特市政厅是登戈尔广场最引人注目的建筑物,采用波特兰石料作石柱、三角楣墙和矮墙,是典型的新文艺复兴时期建筑,亦是贝尔法斯特的必游景点。自从巨型横额"贝尔法斯特说不"(反对1985年的《英爱协议》首次给予都柏林政府参与北爱尔兰事务的权力)被摘下后,市政厅的正面看起来更加对称。市政厅的内部装饰主要用深色的意大利大理石和橡木镶板,到处都有雕塑点缀,其中最吸引人的是那尊严肃的维多利亚女王雕像,以及纪念泰坦尼克号遇难者的纪念碑、泰坦尼克号制造商Edward Harland爵士的雕像。在市政厅的周围还有各种各样的雕像,包括维多利亚女王和托马斯·布洛克先生。一个由石头和铜制造的纪念马真尼斯勇士、1.8米高的纪念碑，矗立在市政厅前面，他在1945年第二次世界大战期间获得了一等兵的荣誉，并且被授予了维多利亚十字奖章。2007年10月，一个60米高的弗雷斯大转轮被修建了起来，人们升到60米的大转轮顶端可以一览城市的美景。

> **Tips**
> 📍 Donegall Square,Belfast,BT1 5GS
> ☎ 028-9032-0202

02 圣安大教堂
旧时爱尔兰国教会的大教堂 ★★★★ 赏

> **Tips**
> 📍 Donegall Street,Belfast,BT1 2HB ☎ 028-9032-0202

位于北爱尔兰贝尔法斯特的圣安大教堂也被称为贝尔法斯特大教堂，由著名建筑师托马斯爵士设计建造。1904年建成了圣安大教堂最初的也是最神圣的建筑——大教堂的中殿。2007年教堂进行改建，将40米高的不锈钢尖顶安装在教堂顶部，命名为"希望的尖顶"，于每天夜晚点亮，是教堂区最吸引人的一部分。它拥有爱尔兰最大的凯尔特十字架，和两个不寻常的服务教区。大教堂通过其日常的膜拜将英国圣公会和爱尔兰精神延续下去，同时提供给公民一次教会好客及良好服务的特别体验，更拉近了人们与圣彼得大教堂罗马天主教间的距离。这里的设施很健全，大教堂为残障人士提供了全套的设施，内部和外部都配有坡道，某些指定的座位很容易折起，以便坐轮椅的朋友方便参与。大教堂落地式玻璃的屋顶平台，通过尖顶来突出上方的唱诗班，使游客可以更清楚地观看。这里每天定时举行祈祷活动，每个周日合唱团会有两次演出，其演奏曲目广泛而多样。人们可以通过一系列的活动，感受这里的宗教信仰。

03 贝尔法斯特女王大学

英国历史最悠久的大学之一

> **Tips**
> 📍 University Road, Belfast, BT7 1NN ☎ 028-9024-5133 🚌 乘8路公交车至女王大学门口，下车即达

英国贝尔法斯特女王大学，始建于1845年的维多利亚时代，英国维多利亚女王创办了女王大学。经过170多年的发展，女王大学已成为一所理、工、医、文、农学科门类齐全的世界著名的综合性大学，是英国历史最悠久的十所大学之一。现有25200多名注册学生，3500多名教工和1450多名来自世界87个国家的国际学生。2006年12月成为英国罗素大学联盟成员。它坐落于英国贝尔法斯特市的南部，地处北爱尔兰地区，建筑古色古香，环境宜人。经过多年的发展，女王大学高水平的教学和科研能力已在国际上享有盛誉，是全英国3所两次荣获英国高等教育和成人教育女王周年纪念奖的大学

之一。英国投入2.59亿英镑作为学校建设与发展基金，它拥有全英所有大学中最大的运动中心和设施最好的图书馆。体育馆内有配备120件健身器材的健身厅、舞厅、25米长的游泳池、潜水池、桑拿室、多功能运动厅、壁球场、武术馆等。学校内还拥有划艇中心和高尔夫球场。

04 贝尔法斯特动物园

濒危物种的聚集地

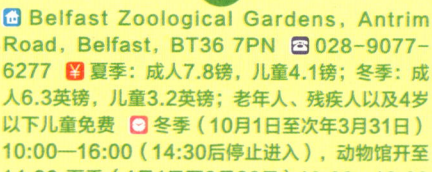

> **Tips**
> 📍 Belfast Zoological Gardens, Antrim Road, Belfast, BT36 7PN ☎ 028-9077-6277 💰 夏季：成人7.8镑，儿童4.1镑；冬季：成人6.3英镑，儿童3.2英镑；老年人、残疾人以及4岁以下儿童免费 🕙 冬季（10月1日至次年3月31日）10:00—16:00（14:30后停止进入），动物馆开至14:30；夏季（4月1日至9月30日）10:00—19:00（17:00后停止进入），动物馆开至18:00

贝尔法斯特动物园是北爱尔兰一个非常有名的景点，每年接待超过25.8万游客。动物园位于贝尔法斯特的北方，占地55亩，有160种超过1200只的动物。这里的动物大多数是濒危物种，其中包括：白虎、枸杞狮、大象、长颈鹿、大猩猩等。

从动物园放眼望去，贝尔法斯特城和洛湖尽收眼底。这个世界级的现代动物园，为珍稀及濒临灭绝的动物提供了一个安逸的生存环境，并且因为十分贴近自然的生活环境，所有动物的栖息场所均获过奖项。

这里拥有一群在整个欧洲数一数二的罗氏长颈鹿，更值得骄傲的是，它们中绝大多数都是在贝尔法斯特动物园土生土长的。这些长颈鹿和动物园的斑马、鸵鸟共享一片围地。另外，动物园里还能找到不少非洲有蹄动物，如非洲野猪、穆霍尔羚羊、尼罗河驴羚、泽羚、大羚羊等。这里还有来自马戏团的猩猩、蓝色眼睛的白虎、面临严重灭绝危机的亚洲象、来自切斯特动物园的公牛、可供欣赏的亚洲有蹄动物马来西亚貘和骆驼、贝尔法斯特杂技演员蜘蛛猴、来自南美的绢毛猴和狨、世界上最小的灵长类动物倭狨、广受欢迎的企鹅等。

05 植物园

世界上最早的植物园之一

 Botanic Avenue, Belfast, BT9 5AB 028-9031-4762 乘7路公交车至College Park站，下车即达

贝尔法斯特的植物园是世界上最早的植物园之一，具有鲜明的维多利亚时代建筑风格。棕榈别墅是这座植物园的核心景点，主楼的流线型外墙是由铸铁构成的，并在框架的空隙处填满了观景玻璃。主楼是一个巨大的展示厅，里面生长着各种高大的树木和奇妙的攀缘花卉。两旁的侧厅中一侧展示温带的各种季节性植物，另一侧是一个温室，厅内遍布着各种罕见的热带植物。

热带峡谷是植物园中另一处胜景，漫步在这里的环形步道上，如同置身于神秘的亚马逊雨林之中，感受在阴雨连绵的英伦三岛上难以见到的湿热气候。峡谷的小溪中还有各种可爱的小海龟，将这里点缀得更有热带风情。树园中生长着各种挺拔的木本植物，这些树木形态各异，令人叹为观止。草本植物坛中生长着从全世界收集而来的花花草草，色彩缤纷宛如人间仙境。玫瑰花园是最受情侣欢迎的景点，这里的玫瑰汇集了多个品种，每一种鲜花都有自己不同的花语。高山植物花园以及装饰花卉坛也是深受游人欢迎的景点。

06 西菲尔德城堡购物中心

知名品牌荟萃的购物中心

 Royal Avenue, Belfast, BT1 1DD 028-9023-4591

位于贝尔法斯特皇家大道上的西菲尔德城堡购物中心毗邻贝尔法斯特市政厅，购物中心内除了拥有两层营业面积的德本罕百货，还有大量世界知名品牌纷纷入驻。舒适明亮的购物环境和现代化的装饰，除了贝尔法斯特的市民外，还招揽了大量来观光旅游的游客在这里购物休闲。

07 泰坦尼克号之旅

回顾泰坦尼克号的首航历程 ★★★★ 赏

1997年好莱坞的经典电影《泰坦尼克号》为这起悲惨的海难增添了许多凄婉浪漫的色彩，当年这艘全世界最大的客运轮船正是在贝尔法斯特的哈兰德与沃尔夫（Harland and Wolf）造船厂建造完工，现今游人可以在当时造船厂一位工程师的曾孙女的带领下回顾泰坦尼克号的建造过程，并通过各种文献资料和照片了解当时泰坦尼克号首航时的种种故事，吸引了诸多对泰坦尼克号感兴趣的游人前来参观。

Tips
贝尔法斯特码头　028-9065 9971　￥2.5英镑

08 圣乔治广场

北爱尔兰历史最悠久的非露天市场 ★★★★ 买

圣乔治广场是北爱尔兰地区最早的非露天市场，也是贝尔法斯特最为古老的旅游景点之一。宏伟的圣乔治广场外形华丽，具有鲜明的维多利亚时代建筑风格，广场内部仿佛是一座巨大的殿堂，宽阔的顶篷在阳光的照射下散发出耀眼的光芒。这座古老的市场仍然秉持着过去的传统，只在每周的周五、周六开放。

圣乔治广场不但是贝尔法斯特最著名的集市，也是举行各种文化艺术表演的地方，因此吸引了大批游客前来此地采购或者参观。这座广场被誉为英国十大最受欢迎集市之一，虽然只有两天营业时间，但丰富的内容让来到这里的人们感到名不虚传。周五是商品开放日，集市的开放时间从早上6点到下午，这时的广场内云集了英伦三岛的各种商品，包括各地新鲜美味的农作物。同时，这里还是英国著名的古董交易市场，对自己的眼力有信心的游客可以在这里一试身手。周六的圣乔治广场则是观看各种富有特色的展览的好地方，这里不但汇集了英国以及欧洲其他国家的各种美食，还有精彩纷呈的艺术表演。

Tips
12 East Bridge Street Belfast BT1 3NQ
028-9043-5704

09 维多利亚购物广场

现代化的购物中心 ★★★★ 买

Tips
1 Victoria Square, Belfast, BT1 4QG
028-9032-2277

开业于2008年3月的维多利亚购物广场是一座拥有四层营业面积的现代化购物中心，作为集餐饮、购物于一身的大型购物中心，维多利亚购物广场内还附设了一家影院，成为年轻人周末休闲、购物、娱乐的绝佳去处。此外，值得一提的是，维多利亚购物广场内的福莱莎百货是全英国规模最大的一家。

10 阿尔斯特民俗和交通博物馆

阿尔斯特人20世纪的早期生活   ★★★★ 赏

建于1967年的阿尔斯特民俗和交通博物馆，在贝尔法斯特城东11公里处，占地6.8万平方米。这里分为两个博物馆：民俗博物馆与交通博物馆。民俗博物馆展示了生活在北爱尔兰的人民过去的传统和现今的生活方式，而交通博物馆是爱尔兰地区收藏最多和最大的交通博物馆。这里也是北爱尔兰三大国家博物馆之一。

根据资料显示，阿尔斯特民俗与交通博物馆曾被评为北爱尔兰年度最佳博物馆。这个露天民俗博物馆为游客再现了阿尔斯特人在20世纪早期的生活，将近50个从阿尔斯特各个博物馆收集而来的展品都被原汁原味地保留了下来。内部有一个曾经获奖的美术馆，展示了随着时代的变迁，阿尔斯特人的饮食、耕作及生活方式的演变，还有爱尔兰最完整的交通工具收藏——从马车到爱尔兰汽车，应有尽有。

> **Tips**
>
> Ulster Folk and Transport Museum, Cultra, Holywood, BT18 0EU ☎ 028-9042-8428 ¥ 成人6.5英镑，儿童3.5英镑，5岁以下儿童免费 ⏲ 3月至6月周一至周五10:00—17:00，周六10:00—18:00，周日11:00—18:00；7月至9月周一至周六10:00—18:00，周日11:00—18:00；10月至次年2月周一至周五10:00—16:00，周六10:00—17:00，周日11:00—17:00

11 皇冠酒吧

贝尔法斯特知名的酒吧   ★★★★ 吃

建于19世纪中叶的Crown Liquor Saloon是贝尔法斯特历史悠久的一间酒吧，在北爱尔兰观光局推荐的餐厅中也可以看到这家酒吧的名字。由意大利名设计师设计的酒吧内空间装饰舒适典雅。在酒吧里，不论什么时候都可以看到人们举杯围着吧台畅饮谈天的身影。酒吧二层的皇冠餐厅则以高雅的布置为用餐的客人提供了一处舒适的用餐环境，在这里食客可以品尝到爱尔兰烤火腿和健力士牛肉派等爱尔兰风味菜肴。

> **Tips**
>
> 6 Great Victoria Street, Belfast BT2 7BA ☎ 028-9027-9901

英国攻略 北爱尔兰

12 厨房酒吧

贝尔法斯特当地人推崇的酒吧

建于1859年的The Kitchen Bar毗邻维多利亚购物广场，作为贝尔法斯特当地百姓颇为喜爱的一家酒吧，这里可以边喝啤酒边欣赏酒吧内电视转播的英国足球比赛，每到周末时总是爆满，不时从酒吧内爆出阵阵欢呼声。此外，在The Kitchen Bar内，还可以品尝到爱尔兰炖肉、猪肝、培根、派和豆泥等美味，这里的招牌派迪比萨更是拥有大量粉丝。

> **Tips**
> 🏠 36-40 Victoria Square, Belfast, BT1 4DY ☎ 028-9032-4901

13 伦敦德里

北爱尔兰第二大城市

> **Tips**
> 🏠 44 Foyle Street; Derry; County Londonderry; BT48 6AT (旅游服务中心)
> ☎ 028-7126-7284 (旅游服务中心)

保持着古老韵味的伦敦德里不但是北爱尔兰地区的第二大城市，更是一座在沉寂中绽放出光芒的美丽城市。伦敦德里的城墙保存完好，而且这里的城墙也是全欧洲罕见的在火炮轰击后城墙未被穿破的城市，城墙间的城门也是各有自己的名称，分别是码头门、屠杀门、主教门和渡轮门。这是一座安逸的城市，行走在Foyle河边可以感受到这里的宁静与平和。

漫步在位于Foyle河西岸的伦敦德里古城内，可以看到一座高大的教堂式建筑，各种塔楼将这里点缀得庄严神圣，色彩缤纷的玻璃窗在阳光的照射下散发出耀眼的光芒，这座古老的建筑就是贝尔法斯特的市政厅，迄今已有120多年的历史。盖德大厅和圣哥伦布大教堂都是这里著名的建筑景点。Foyle河的东岸是伦敦德里的新城，与充满休闲色彩的老城区不同，这里充满了活力与热情。市中心的凯旋门是伦敦德里市政当局用于纪念两次世界大战的地方，有趣的是这座建筑本是法国政府打算拆除的，最终被节约经费的伦敦德里所购得，成为这座古城的代表性景点之一。

14 盖德大厅
● ● ● 新哥特式的美丽建筑　★★★★ 赏

位于伦敦德里老城内的盖德大厅，是一座新哥特式建筑，但又融合了不少都铎建筑的色彩，因而更显得雍容华贵。位于Foyle河畔的盖德大厅的红褐色外墙上斑斑点点，记录了伦敦德里的风风雨雨；高耸入云的塔楼则是整栋建筑的构图中心，尖塔形斜屋顶与长排窗户是这座宏伟建筑的外部特征。原盖德大厅在20世纪70年代毁于炸弹袭击，现在的这座教堂式建筑则是伦敦德里的市政厅所在地。漫步在大厅内外，你会看到一扇扇在阳光下散发出五彩光芒的彩窗，这些彩窗相互呼应，不愧是整个爱尔兰岛上拥有数量最多、形态最美丽彩窗的建筑。盖德大厅的塔楼是周边地区的制高点，顶部还有一座古老的机械钟。塔楼的尖顶部是用绿色琉璃瓦筑成的，是这座建筑最引人注目的地方。盖德大厅是伦敦德里的控制中枢，这里不但是市政厅的所在地，还是该市的议会所在地，来到地下室可以感受那种唇枪舌剑的氛围。盖德大厅还是伦敦德里重要的文化艺术表演场所，每个月这里都会举行各种精彩的艺术演出。

Tips
🏠 Guildhall Square,Londonderry,BT48 6DQ
☎ 028-7137-7335　¥ 免费　⏰ 周一至周五 9:00—17:00

15 圣哥伦布大教堂
● ● ● 伦敦德里最大的教堂　★★★★ 赏

Tips
🏠 6 London Street,Londonderry BT48 6LZ
☎ 028-7126-7313　¥ 1英镑　⏰ 9:00—17:00

圣哥伦布大教堂是纪念6世纪来此传教的圣徒哥伦布的地方，同时也是伦敦德里最大最重要的教堂。雄伟庄严的教堂主要是由灰色的石块构成，间或有序地掺杂着些美丽的浅褐色石头，形成了一幅幅奇妙的图案，为这座建筑增添了一抹秀丽亲切的色彩。这座建于17世纪的教堂被苍翠的草地所包围，四周种植着橡树等挺拔的树木，隐隐约约间勾画出它威严的外观。圣哥伦布大教堂是伦敦德里城内最古老的建筑，也是这里的标志性景点，在这里还可以看到老城的各条主要干道向四周延伸而去。这座教堂是由英王詹姆斯一世下令建造的，并从伦敦送来一个圣杯。圣杯保存至今，因此这里的各种庆典仪式都与这个古老的圣杯息息相关。这座教堂历史上曾几经修整，目前仍以哥特式的建筑风格为主，笔直的尖顶则是最引人注目的地方。这座大教堂见证了伦敦德里几百年来的风风雨雨，墙壁的彩窗上至今仍残留有当年恐怖活动所造成的痕迹。圣哥伦布大教堂还是伦敦德里重要的旅游胜地，这里的圣诗合唱也是吸引众多游客前来此处的重要原因。

英国攻略　北爱尔兰

16 巨人之路 (100分)

英国四大自然奇观之一

位于北爱尔兰东北海岸的世界遗产——巨人之路，是著名的旅游景点，并于2005年被列为英国第四大自然奇观。在英国北爱尔兰的安特里姆平原边缘的岬角，沿着海岸悬崖的山脚下，4万余根玄武岩石柱不规则地排列起来，绵延6公里，宏伟壮观。这种石柱多六边形，也有四边、五边和八边形的，石柱高低参差、错落有致，以井然有序、美轮美奂的造型，磅礴的气势令人叹为观止。贾恩茨考斯韦角从大海中伸出来，从峭壁延伸至海底，数千年如一日地屹立在大海之滨，宛若鬼斧神工的仙境。山依海势，海借山景，形成了这一道通向大海的巨大的天然阶梯。拾级而上，海天一色，是一罕见的自然奇观，被人们想象成巨人之杰作。300年来，地质学家们通过研究其构造，了解到它是在5000万~6000万年前由活火山不断喷发而成的。这个壮观景点也为地球科学的研究提供了宝贵的资料，同时推动了地球科学的发展。1986年被联合国教科文组织评为了世界自然遗产。

Tips

爱尔兰岛最北段布米尔周边　028-2073-1855（旅游服务中心）　从贝尔法斯特乘火车至Coleraine，在火车站一旁的巴士站换乘172路Ulster Bus至The Giant's Causeway，下车即达

17 布什米尔斯老酒厂

世界最早的威士忌酿制厂

Tips

Old Bushmills Distillery, 2 Distillery Road, Bushmills, Co. Antrim, Northern Ireland, BT57 8XH　028-2073-3218　成年人6磅，学生和老年人5磅，8至17岁3磅　周一至周五9:30—15:30；周六、周日12:30—15:30

布什米尔斯老酒厂位于Antrim，它的历史可以追溯到1608年，是世界上最古老的威士忌酿酒厂。现在是一个很出名的旅游景点，每年的游客超过11万。

世界上最早注册商标的威士忌酿制厂就是这家北爱尔兰境内的布什米尔斯。它自1608年开始营业，是世界上最古老的经过许可经营的威士忌酿酒厂。这座维多利亚风格的建筑，可以追溯到1885年，由于原有建筑被火烧毁而重造。

1608年，国王詹姆斯一世向当时的酒厂主人授予了经营许可，从而使其成为世界上最为古老的合法威士忌酿酒厂。当地人说其实早在14世纪人们便开始制造威士忌，但这一切都没有经过合法化而只能地下进行买卖。布什米尔斯酿酒公司创建于1783年，到了18世纪，由一艘大型的帆船将威士忌穿越大西洋运往国外。在布什米尔斯，装酒的木桶很有讲究，它们都是从西班牙购置来的、已经存放过一次葡萄酒的橡树桶。据说这种特殊材质的桶可以增加酒的风味，并使威士忌最后的颜色变成浅棕色。

参观酒厂需要买门票，而且有导游导览，只是要稍微留意一下每天开放的场次，这样才不会浪费时间在等待上，旅程的最后可以凭票根享用威士忌。唯一的遗憾是不可以照相。

18 卡里克空中索桥

北爱尔兰最惊险的景观之一

英国攻略 北爱尔兰

著名的卡里克空中索桥位于北安特里姆海岸上，巴林托伊东部。它是北爱尔兰最为惊险的景观之一。索桥连接着小岛，桥下就是一条峡谷，其周围景色秀美，莱斯林岛和苏格兰的风光可一览无余，尽收眼底。相传几百年前，渔民们为了到岛上捕捉三文鱼而搭建了这座索桥。索桥曾经只由一根绳索作为栏杆扶手，脚下则由跨度很大的踏板连接而成。这座索桥曾被修建过很多次，现在的笼状绳索是2000年复活节时由国民托管组织出资建造而成的。据说这项工程最初是由一位专业绳降运动员开始的，后由当地攀岩者和绳降运动员共同协助建成。经过测量，索桥现已有近十吨重，绳索也由一根变成了两根。此项工程由束带滑轮装配工、绳索专家、志愿者及英国国家信托的临管人员总共十余人，经过近两天的努力得以完工。这大大加强了索桥的安全性。至今为止，还没有一人在索桥上发生过意外。如今，索桥成为无畏的游客们一项季节性的挑战，不少冒险人士还会在这里表演空中绝技。当太阳从充满薄雾的天空中露出，照亮桥下绿色和蓝色的海浪漩涡时，你就会感受到这奇特的探险是多么的美妙了。

Tips

119a Whitepark Road，Ballintoy,Co.Antrim,BT54 6LS ☎ 028-2076-9839 成人4英镑，儿童2英镑 10:00—18:00 从贝尔法斯特乘火车至Coleraine，后在火车站一旁的巴士站换乘172路 Ulster Bus，至The Giant's Causeway，下车后步行20分钟即达

英国
攻略HOW

Part.17
英国其他

英国其他 特别看点！

第1名！ 林肯大教堂！

100分！
★ 英国最大的教堂，有千年历史的诺曼式建筑！

第2名！ 诺丁汉城堡！

90分！
★ 诺丁汉曾经的政治中心，了解豪侠罗宾汉的故事！

第3名！ 约克大教堂！

75分！
★ 欧洲最大的中世纪教堂，精美的彩绘玻璃窗！

01 林肯大教堂 100分！
英国最大的教堂 赏

Tips
Lincoln Cathedral, Minster, Yard LN2 1PZ
林肯火车站出站步行

林肯大教堂是英国最大的教堂之一，至今已经有近千年的历史。教堂坐落于林肯市一块石灰岩高地上，是一座宏伟的诺曼式建筑，两侧高大的尖塔是这里最大的标志。自建成以后，这座建筑屡遭天灾，尤其是一场大风毁掉了这里引以为豪的中央大尖塔，至今依然让人感到万分遗憾。

必玩01 大厅
气势恢弘的石质大厅

林肯大教堂高挑、宽敞的大厅几乎全部采用石材修建，现今在这座气势恢弘的石质大厅中，经常会有各种文艺活动和音乐会演出。

必玩 02 天使唱诗班席
圣洁美丽的氛围

13世纪建成的天使唱诗班席充满艺术美感,毗邻的超大陶质烛台更是美轮美奂,烘托出一种美丽的氛围。

必玩 03 钟楼
古老的钟楼

建于1614年的林肯大教堂钟楼内共有13个钟,走进钟楼,游人可以看到14根垂下的绳子,只要一拉就可以出声,多余的一根绳子则负责控制声调,据说总共有5000多种变化,全部拉完一遍需要3小时20分钟。

必玩 04 大唱诗班席
教堂中的教堂

中世纪哥特式教堂遗留下来的大唱诗班席被誉为教堂中的教堂,那些精致木刻装饰的唱诗班椅美轮美奂,上方的塔状装饰不仅造型繁复,而且每个塔中都装饰有一位圣徒的造像。

必玩 05 大袖廊
教堂内最美的部分

大袖廊可以说是大教堂内最美的部分,这里石柱拱门林立,个个都显得高挑而优雅。直上直下的线条让人有一种飞升的感觉,让人不得不由衷地感叹设计者的精密设计与施工者的心灵手巧。

02 老特拉福德球场
世界闻名的"梦剧场" ★★★★ 赏

Tips
- Old Trafford Sir Matt Busby Way, Manchester M16 0RA ☎ 016-1868-8000
- 从曼彻斯特皮卡迪利车站乘电车至Old Trafford站,下车即达

始建于1909年的老特拉福德球场由苏格兰建筑师Archibald·Leitch主持修建,于1910年2月19日正式启用,100年的时间里一直作为英超球队曼联的主场,随着球场一次次扩建和增加各种设施,现今的老特拉福德球场是欧足联评定的五星球场之一。而伴随着曼联在球场上的成功,老特拉福德球场也被全世界的球迷所熟知,并引用曼联的传奇球星博比·查尔顿对球场的称呼,将其赞誉为"梦剧场"。除了看台、更衣室、球队荣誉室外,老特拉福德球场内最吸引人的设施则是营业面积达到557平方米的巨型官方纪念品商场,包括胸针、围巾、马克杯、棒球帽、正版球衣、纪念画册,甚至是汽车等,任何带有曼联LOGO的产品都可以在这里寻觅到。此外,老特拉福德球场还设置了供球迷消费的咖啡厅和最多能容纳500人的豪华大厅,在这里可以举办诸如生日聚会、各种晚会、展览会和一些商务会议,即使没有比赛的时候也见证了数不清的欢乐时刻,无愧其"梦剧场"的称谓。

03 巨石阵

● ● ● 壮观的史前文明遗迹 ★★★★★ 赏

Tips
- A344,Salisbury,Wiltshire,SP4 7DE
- 019-8062-4715 ¥成人6.6英镑，学生和老人5.6英镑，15岁以下3.3英镑，5岁以下儿童免费
- 3月16日至5月31日9:30—18:00；6月至8月9:00—19:00；9月至10月15日9:30—18:00；10月16日至次年3月15日9:30—16:00 从伦敦滑铁卢车站乘火车至索尔兹伯里，后换乘3路公共汽车即达巨石阵；从巴斯乘火车或X4路公共汽车至索尔兹伯里，后换乘3路公共汽车也可到达

位于威尔特郡索尔兹伯里平原的巨石阵是欧洲著名的史前时代文化神庙遗址。占地约11万平方米，建于公元前4000年的新石器时代末期至青铜时代。巨石阵的英文名字前半部分"Stone"意为"石头"，后面部分源于古代英语，是"高高悬挂着"的意思。1130年，英国的一位神父在外出时，偶然发现了巨石阵，从此这座奇特的古迹便引起了人们的注意。几个世纪以来，这些巨型石块一直与神秘和离奇传说联系在一起，没有人真正知道它的用途。一些巍峨巨石呈环形屹立在绿色的旷野间，呈现给大家一幅史前巨作。巨石阵的主体由几十块巨大的石柱组成，并排成几个完整的同心圆，巨石阵的外围是直径约90米的环形土沟与土岗，内侧紧挨着的是56个圆形坑。最让人惊奇的是石阵中心的巨石，这些巨石最高的有8米，重近30吨，有不少重达7吨的巨石更是横架在两根竖着的石柱之上。巨石阵的主轴线指向夏至时日出的方向，还有两块石头的连线指向冬至日落的方向，人们猜测，这很可能是远古人类为观测天象而建造的最早的天文台雏形。总之，在人们的心目中，这是一个极为神圣的地方。

04 巴斯教堂

● ● ● 巴斯市内最著名的教堂 ★★★★ 赏

Tips
- 12 Kingston Buildings,Bath,BA1 1LT
- 012-2542-2462 ¥免费 4月至10月周一至周六9:00—18:00；11月至次年3月9:00—16:30，周日13:00—14:30,16:30—17:30

巴斯教堂又称亚贝大教堂，是巴斯市内最著名的教堂。这座富丽堂皇的建筑始建于公元8世纪，由亨利八世下令修建，是著名的历史文化遗产，也是巴斯市内的标志性建筑。巴斯国际音乐节和其他许多重大节日活动都在此举办。这里还曾是英格兰第一位皇帝的加冕地。巴斯教堂在1499年由主教皇奥利弗重建，后以美丽的彩色玻璃及扇形的天花板而闻名于世，又因窗户多而被冠以"西方明灯"之名。教堂东面56块玻璃绘以56个情景来叙述耶稣的生平事迹，包含从耶稣诞生至33岁被钉在十字架上期间的传奇故事，教堂西面则讲述了如何建造教堂的故事。在巴斯教堂前的庭院中，常常会有街头艺人在此演出奇特的技艺，也有许多小贩在此兜售各式各样的小商品。巴斯教堂免费对游人开放，墙上雕刻着精美的文字和人物图案。教堂内有一个烛台，每一个来这里的游客都可以在这里点上一支蜡烛，再从蜡烛旁的方形纸盒内取出纸条，把祝福的话语写在上面祈福，以期得到幸福和庇护。

05 巴斯罗马浴池

古罗马帝国时代的温泉浴池 ★★★★ 娱

位于英格兰南部的巴斯被誉为英国最干净的城市，这座具有悠久历史的古城，最为著名的就是古罗马浴池。2000多年前罗马大军进占英国后，发现这里景色宜人，还有美丽的天然温泉，便将此地取名"巴斯"，也就是"澡堂"之意，并在全城各处建立了许多精美豪华的浴池，供贵族休闲度假。如今，现存完好的古罗马温泉浴池基本都位于市中心的罗马帝国浴室博物馆中，被视作城市的象征，巴斯也因此成为举世闻名的温泉度假胜地。其中最为著名的克罗斯浴池和罗马浴池更是美轮美奂，堪称经典之作。到巴斯旅游，既可以观赏典雅豪华的罗马浴池，还可以在罗马建筑风格的露天泳池中戏水畅游。更独特的是从巴斯最古老的罗马泵房取水制成的巴斯城特有的"泉水咖啡"，水质甘甜清冽，令人回味。在古罗马温泉浴池中舒服惬意地泡一泡澡，再喝上一杯地道的咖啡，让人沉醉其中。现在，巴斯的古罗马温泉浴已成为当地的重点旅游项目，很多宾馆内都有仿古罗马式的温泉浴池，让人们可以随时体验到古罗马贵族的奢华惬意。

> **Tips**
> 🏠 Roman Baths, Abbey Church Yard, Bath, BA1 1LZ ☎ 012-2547-7785 ¥ 成人11英镑，学生和老人9.5英镑，16岁以下7.2英镑，5岁以下免费 🕐 1月至2月9:30—16:30；3月至6月9:00—17:00；7月至8月9:00—21:00；9月至10月9:00—17:00；11月至12月9:00—16:30

06 简·奥斯汀中心

追寻简·奥斯汀的生活轨迹 ★★★★ 赏

> **Tips**
> 🏠 40 Gay Street, Queen Square, Bath, BA1 2NT ☎ 012-2544-3000 ¥ 成人6.95英镑，学生和老人5.5英镑，15岁以下3.95英镑，6岁以下免费 🕐 3月14日至11月8日9:45—17:30；11月9日至次年3月13日，周日至周五11:00—16:30

位于盖尔街上的简·奥斯汀中心再现了奥斯汀在巴斯期间的生活。简·奥斯汀与巴斯有着很深的渊源，18世纪末，她在此与姐姐度过了两个长假，便喜欢上了这座小城，并在这里完成了成名作《傲慢与偏见》。简·奥斯汀也许是最知名的和最受民众喜爱的巴斯居民之一，1801年与父亲定居于此。十分聪慧的简·奥斯汀深入了解巴斯的城市面貌和社会生活，又根据此地的生活经验创作出了《劝导》和《诺桑觉寺》。今天，巴斯的街道、建筑以及市容还保持着200年前的面貌，依然如她笔下描绘的那么美妙、优雅、有序。在巴斯市中心的盖尔街上，有世界著名的女作家简·奥斯汀纪念中心。门口的简·奥斯汀蜡像旁总是有无数喜爱她的游客与这位女作家合影。在简·奥斯汀纪念中心，展示着拍电影时留下的服饰等用品和摆设，房子里的摆设也保持着原样，屋里循环播放着她拍摄成电影的作品。这座她熟悉的城市，记载着她生活的点滴。我们可以跟随简·奥斯汀笔下的美景做一次美妙的文学之旅。

07 皇家新月楼
宛如新月的大型古建筑群 ★★★★ 赏

巴斯市内的皇家新月楼始建于1767年，位于英国伦敦西部。皇家新月楼象征着月亮，是巴斯最为

Tips
📍 1 Royal Crescent, Bath,BA1 2LR ☎ 012-2542-8126 ¥ 免费 ⏰ 周二至周日10:30—16:30

气势恢宏的大型古建筑群，由小约翰·伍德亲自设计建造而成。这座举世闻名的建筑又被称为凯姆敦月牙。在直径为九十多米的圆形广场周长处，有一座长达近200米的弧形建筑，在其转角180°处就是这座著名的皇家新月楼。它采用意大利式装饰，共有上百根圆柱屹立于此，并由连为一体的近30幢楼组成，气势恢宏、壮观、浑然一体。皇家新月楼的房屋与道路更是独特别致，均排列成新月弧形，优美的曲线尽显高雅贵族之风范，使人陶醉其中，流连忘返。另外，皇家新月楼1号作为博物馆向游人展出了许多珍贵的文物、肖像等精美作品。员工均穿着那个年代的衣服，颇有当年的气势。这些细节完美重现了巴斯1770年时的辉煌，使游人充分感受巴斯在最繁荣年代的生活环境，如身临其境一般。还有一部分是皇家新月饭店，作为当地最高级的星级酒店之一对外开放，精美的装潢配以丰富的美食，实在让人垂涎欲滴，不能自已。这里处处都可感受到皇家气息的存在，被誉为英国最高贵的街道。

08 帕特尼桥
古朴的三孔石桥 ★★★★ 赏

为世界所闻名的帕特尼桥始建于1769年，位于市中心，横跨于雅芳桥上，连接着巴斯的古城与新城。帕特尼桥由著名设计师罗伯特·亚当亲自设计建造而成。帕特尼桥是一座古老的三孔桥，但罗伯特·亚当的创作有着其独特的魅力以及更新颖的价值，他赋予帕特尼桥与城市间更为完美的结合。桥边河水的落差形成了一道线条优雅的小瀑布，为帕特尼桥增添了一份动感与活力。偶尔漫步在河边的石板小径上，更能感受到帕特尼桥与清澈的埃文河谷所共同营造出的宁静安详的乡间气息，环境幽雅的帕特尼桥周围有很多10世纪乔治王时代留下的建筑，它们分别散落于大桥的两侧，此时伫立桥头，可眺望雅芳河两岸的秀美风光，就仿佛置身于威尼斯水城一般。到了夏季，还可以乘船漂流于雅芳河上，尽享那份惬意与悠闲。经帕特尼桥沿帕特尼街一路而行，更可欣赏到绵延不绝的丘陵河谷，红瓦青舍点缀其中，好似作者笔下描写的英伦田园风光，恬静之意更是萦绕心间。

Tips
📍 14 Pulteney Bridge, Bath BA2 4AY ☎ 012-2546-1938 ¥ 免费

09 安菲尔德球场

世界最著名的专业球场之一 ★★★★★ 赏

Tips Anfield Road，Liverpool L40 015-1263-2361

安菲尔德球场是足坛豪门利物浦队的主场，也是世界最著名的专业球场之一。这座历史悠久的球场修建于19世纪末期，历史上曾多次翻修，见证了英国足球的兴衰荣辱。安菲尔德球场也是一座颇具特色的球场，主大门处立有一座塑像，这是为了纪念利物浦俱乐部的传奇主帅香克利而建的，这座大门也被命名为香克利门。球场内的主队更衣室是利物浦辉煌的代表，一位位足坛传奇巨星从这里走出，为球迷们上演了一场场精彩的比赛。被称为KOP看台的北看台是这座球场最著名的看台，是利物浦铁杆球迷的汇集之地，每当比赛时这里就会响起利物浦的队歌《你永远不会独行》，狂热的球迷会用歌声陪伴着整场比赛。在球员通道中有一处著名的标记牌，上面写着"这里是安菲尔德"，这块标记牌既是主队的信心源泉，又给了客队以无形威慑。安菲尔德球场内还有纪念1989年希尔斯堡惨案的地方，球场外的纪念碑一直在为那些亡魂进行默默的祈祷。

10 舍伍德森林乡村公园

脍炙人口的罗宾汉故事 ★★★★ 玩

Tips Sherwood Forest Country Park, Mansfield, Nottinghamshire NG21 9HN 016-2382-3202 免费 4月至10月10:30—17:00 11月至次年3月10:00—16:30

拥有悠久历史的诺丁汉毗邻舍伍德森林，英国著名的绿林好汉罗宾汉的故事就发生在这里。现今的舍伍德森林乡村公园早已不复旧时的繁茂，来自世界各地的罗宾汉粉丝纷纷慕名而来，将这处曾经偏僻的森林变成一处人声鼎沸的喧嚣之地。在舍伍德森林乡村公园内，最吸引人的是一株高大的橡树，据说罗宾汉就曾经躲藏在树内，成了众多游人竞相拍照留念的目标。此外，每年8月举行的罗宾汉节是再现中世纪风貌的大型节日，热闹的节日场面绝对不可错过。

11 诺丁汉城堡

90分！

了解诺丁汉历史之旅 ★★★★ 赏

始建于1068年的诺丁汉城堡在13世纪初重建，据说当时的工程总指挥是残暴的诺丁汉郡长菲利普·马克，从而引发了侠盗罗宾汉的故事。重建后的诺丁汉城堡一直作为诺丁汉的政治、财政和军事中心，直到17世纪卡斯尔伯爵买下内战后被毁的城堡作为其私人住宅，之后直到19世纪70年代，诺丁汉城堡在经过修缮后辟为博物馆对公众开放。现今，游人从满目青翠的花园登上城堡后便可来到展品丰富的博物馆内，通过各种珍贵的藏品和文献资料来生动直观地了解诺丁汉的历史。

Tips 1 Castle Road, City Centre, Nottingham NG1 6AA 011-5948-4279 2英镑 3月至10月8:00—17:00；11月至次年2月10:00—16:30

12 诺丁汉大学

英国最漂亮的大学之一 ★★★★★ 赏

Tips
🏠 Nottingham NG7 2　☎ 011-5951-3666
💴 免费　🕐 全天开放

创建于1881年的诺丁汉大学距离诺丁汉市中心不足5公里，风景如画的校园占地面积达到2000亩，优美的环境被誉为英国最漂亮的大学校园之一。诺丁汉大学内除了优美如画的风景外，还拥有12座图书馆，收藏了大量专业资料和图书。此外，校内的室内游泳池、网球场、垒球场、田径场、专门建造的室内体育中心等各种体育设施也非常丰富，是英国知名的综合性大学，我国世界乒乓球冠军邓亚萍就曾在诺丁汉大学学习。

13 罗宾汉故事博物馆

亲身体验绿林侠盗罗宾汉的故事 ★★★★★ 赏

Tips
🏠 30-38 Maid Marian Way, Nottingham NG1 6GF　☎ 011-5948-3284　🕐 春、夏季10:00—18:00；秋、冬季10:00—17:30

罗宾汉故事博物馆是一处通过大量的拟真木头机器人、蜡像重现罗宾汉的侠义事迹的展馆，游人刚一走到博物馆大门口，就会遇到身穿披风、手中持剑的工作人员询问你是否相信罗宾汉真有其人。在博物馆内收藏有自古到今所有关于罗宾汉的电影海报，游人还可乘坐电动车追随着罗宾汉一起出生入死，躲过狼群、城堡守卫的追捕等等。此外，游人还可在博物馆内与打扮成罗宾汉等人的工作人员比试一番射箭。每到周末的夜晚，餐厅内的服务生还会打扮成中世纪的人物为游人服务，令人感觉仿佛时光倒流一般，堪称是一次颇为奇妙的中世纪主题之旅。

14 约克大教堂　75分!

英国最大的哥特式教堂 ★★★★★ 赏

始建于13世纪的约克大教堂共历时250年才竣工，是英国规模最大的哥特式教堂，教堂内拥有世界上面积最大、以单扇窗镶嵌的中世纪彩绘玻璃和世界最古老的

Tips
🏠 1A Chapter House Street, York YO1 7JH
☎ 019-0455-7216　💴 3.5英镑；中央塔：3英镑；教堂地下室：3英镑；修道士集会场免费　🕐 夏季7:00—20:30；冬季7:00—18:00。晚祷平日17:00，周日16:00　🚌 由约克车站徒步约15分钟

侧廊，其中教堂东面一整片的彩色玻璃，面积几乎相当于一个网球场的大小，玻璃染色、切割、组合工艺均堪称艺术珍品，此外，在教堂内还有大量小天使、封建时代的盾牌和龙头的小收藏。每天教堂内举行晚祷时，唱诗班优美的歌声和管风琴的旋律，都使约克大教堂弥漫着神圣庄严的气氛，而步行275级楼梯到达高71米的中央塔顶端更可一览约克的美丽风景。

15 Sotheran's
世界最老牌的古籍经营家 ★★★★ 买

Tips
📍 2-5 Sackville Street, London W1S 3DP ☎ 020-7439-6151 🕐 周一至周五9:30—18:00，周六10:00—16:00 🚇 乘地铁至Piccadilly South Side，出站后从Virgin旁的Piccadilly向西步行约5分钟，右转至Sackville Street即达

从1761年开始就在英国约克郡经营古籍生意的Henry Sotheran，于1815年在伦敦开设了Sotheran's，

在店中经营各种古籍藏书，200多年来一直号称全世界最老牌的古籍经营家。在Sotheran's内，游人不仅可以购买大量16~20世纪的手稿、书籍，还有《圣经》、祈祷书及莎士比亚、牛顿、狄更斯、约翰·古德等文人的藏书和手抄稿等，书店还提供代寻、代理拍卖、建立书库和古籍修复等相关业务的服务，是私人收藏家和爱书人不可错过的一家古籍经营店。

16 霍华德城堡
华丽典雅的古堡 ★★★★ 赏

位于约克市东北的霍华德城堡由当时著名的建筑师范布勒爵士及霍克斯穆尔设计建造，巨大的宅邸中装饰有卡纳雷托、霍尔班、根兹巴罗等人的画作，典雅的大厅中有齐本德尔式的家具，可远眺四周起伏的山丘、玫瑰园、Ray Wood森林花园以及霍克斯穆尔设计的圆柱形陵园，其华丽典雅的氛围不输于闻名的温莎城堡。此外，每年夏天，在城堡的庭院中还会举办音乐会。

Tips
📍 Main St, Wick, Pershore, Worcestershire WR10 3NZ 🕐 3月17日至10月29日，11:00—16:30 🚌 乘Leeds-Whitby巴士即达

17 约维克维京中心
感受维京风情 ★★★★ 赏

位于约克市内的约维克维京中心毗邻约克大教堂，是一处深受游客欢迎、兼具娱乐性和教育性的景点。由于历史上约克一度被北欧的维京人占领，因而约克也是从维京语中约维克转变而来。在维京中心内，游人可以通过各种资料和图画，或是搭乘时光车感受千年来约克当时的日常生活，不论家居生活、耕种方式，甚至空气和声音都——重现在游人眼前，大量真人大小的实物模型和身穿维京传统服饰的工作人员都令游人感觉恍如穿越时空，来到千年前的世界一般。

Tips
📍 15-17 Coppergate Walk, York, North Yorkshire YO1 9WT ☎ 019-0454-3400 💰 6.95英镑 🕐 4月至10月9:00—17:30；11月至12月10:00—16:30；1月至3月9:00—15:30 🚶 由约克大教堂步行约10分钟

18 国家铁路博物馆

火车迷的圣地

位于约克火车站东面礼门路上的国家铁路博物馆拥

Tips
Leeman Road,York,YO26 4XJ　084-4815-3139　免费　10:00—18:00

有3个巨大的展厅，英国作为全世界铁路的诞生地，国家铁路博物馆内不仅收藏了全世界最快的蒸汽动力机车野鸭号，还收藏有欧洲之星、三等有轨电车、日本新干线Hikari号和史蒂芬森的"火箭"号复制品等众多珍贵的藏品。游人在国家铁路博物馆内可以欣赏博物馆珍藏的众多列车。博物馆内还有一座仿古的旧式车站，游人可以登上火车参观车厢内部。此外，国家铁路博物馆内还收藏了大量铁路制服、时钟、手表、海报、地图等藏品，游人还可以参观博物馆内修复藏品的过程，是火车迷绝不可错过的一处圣地。

19 约克郡博物馆

荟萃一堂的中世纪文物

拥有4万平方米展示空间的约克郡博物馆门前有一座建于维多利亚时代的博物馆花园，游人在博物馆花园内不仅可以欣

Tips
Museum Gardens,York,YO1 7FR　019-0468-7687　成人5英镑，学生和老人4英镑，儿童3.2英镑，5岁以下免费

赏这里的美丽景色，还可以欣赏花园内残存的罗马城墙遗迹和残破的圣玛丽修道院遗址。在约克郡博物馆内收藏展示了大量英国出土的罗马、撒克逊、维京和中世纪的珠宝、雕刻品等珍贵的文物，是游人在约克游览观光之余，不可错过的一处收藏众多珍贵文物的博物馆。

20 克利福德塔

约克城堡的遗迹

Tips
Tower Street York,YO1 9SA　019-0464-6940　成人3.5英镑，学生和老人3英镑，儿童1.8英镑　4月至9月10:00—18:00；10月10:00—17:00；11月至次年3月10:00—16:00

位于约克城南山丘上的克利福德塔重建于13世纪，是约克城堡残存的遗迹之一，从半空俯瞰，克利福德塔对称的四叶形建筑风格在英国全国独树一帜。游人在塔内可以观赏旧时宏伟壮观的约克城堡缩小模型，此外，还可以顺着克利福德塔内狭窄的螺旋形楼梯来到塔顶，一览约克全城的风光。

21 荷尔农庄
莎士比亚长女的住所 ★★★★ 赏

Tips
- Old Town, Stratford-upon-Avon, CV36 6BG
- 017-8929-2107
- 成人12英镑，学生和老人11英镑，儿童7英镑
- 11月至次年3月11:00—16:00；4月至10月10:00—17:00

古朴的荷尔农庄曾经是莎士比亚的长女和她第一任丈夫的住所。在这幢拥有17个房间的建筑里，分别展示有伊丽莎白时期的家具和绘画，游人可以一窥当时英国人的日常生活。荷尔农庄外拥有一个面积巨大的庭院，庭院内有一株树龄已经超过300年的老桑树，每到夏季，枝繁叶茂的桑树周围会盛开各种鲜花，一片姹紫嫣红中衬托着古朴的建筑，吸引了众多游人驻足停步，拍照留念。

22 布莱顿皇家亭阁
伊斯兰风格的皇室宫殿 ★★★★ 赏

位于布莱顿的皇家亭阁是英王乔治四世于1783年疗养时修建的海边离宫，共耗时40年才最终完工的皇家亭阁由当时著名的建筑师约翰·纳西设计，外观受印度伊斯兰建筑风格的强烈影响，内部的装饰则充满浓郁的东方情调，其中采用仿竹节柱子和莲花形状照明灯的音乐厅更充满十足的中国风情。宴会厅和厨房内展示有大量制作于18~19世纪的银器餐具。这座宛若伊斯兰宫殿的奢华宫廷在维多利亚女王继位后卖给了布莱顿市政府，并开始对游人开放，吸引了众多对英国王室奢华生活好奇的游人一窥究竟。

Tips
- Royal Pavilion, Brighton, BN1 1EE
- 030-0029-0901
- 成人8.8英镑，学生和老人6.9英镑，15岁以下儿童5.1英镑，5岁以下免费
- 10月至次年3月10:00—16:30；4月至9月9:30—17:00
- 从伦敦维多利亚巴士总站乘National Express大巴至布莱顿汽车总站下车后，从旅游服务中心步行大约5分钟即达

23 利兹

●●● 繁荣的纺织工业重地

★★★★

> **Tips**
> 🏠 英格兰北部　🚆 从伦敦乘火车约2小时30分钟即达利兹火车站，也可从伦敦乘长途巴士前往，行程约4小时20分钟

在产业革命时代，利兹曾经是英国繁荣的纺织工业重地。随着工业革命的中心逐渐转移，利兹也进入城市的没落期，狄更斯曾经在1847年描述利兹是一座"最肮脏、最令人讨厌的城市"，空荡荡的工厂与仓库，以及居高不下的失业率成了之后100余年利兹的城市标志之一。直到20世纪80年代开始的城市重建计划才令利兹摇身一变成为一座新的金融中心，过去空旷的厂房和仓库等旧建筑物被重新改建成购物街，吸引了众多游人到访。

24 泽西岛

●●● 品尝美味海鲜的海岛

Tips
- 诺曼底半岛外海20公里处的海面上
- 015-3450-0700（旅游服务中心）
- 从伦敦可以乘飞往泽西岛的航班，单程机票39英镑起，行程约1小时

作为英国王室直属领地的泽西岛位于诺曼底半岛外海20公里处的海面上，是英吉利海峡靠近法国海岸线的海峡群岛中面积最大、人口最多的一处岛屿。对爱好美食的游人来说，泽西岛宛若天堂一般，岛上除了新鲜的海鲜外，还可以品尝到超过170种各具特色的美味菜肴，在蓝天碧海之间，尽情享受世界各地的美食佳肴与泽西岛特有的美味海鲜，吸引了无数游人来到这里度假观光，享受美食。

英国攻略　英国其他

索引 INDEX

英国攻略

A

阿戴尔购物中心	…143
阿恩代尔中心	…148
阿尔斯特民俗和交通博物馆	…209
阿什莫林博物馆	…129
艾伯特广场	…146
艾伯特码头	…152
艾伯特亲王纪念塔	…105
爱丁堡城堡	…166
爱丁堡儿童博物馆	…167
爱丽丝的店	…128
安布尔赛德	…163
安菲尔德球场	…221
安格尔勒西岛	…200
安尼克古堡	…181

B

Bibendum	…109
Brick Lane Beigel Bake	…085
Burberry工厂直销店	…040
巴斯教堂	…218
巴斯罗马浴池	…219
白金汉宫	…038
邦德街	…062
贝尔法斯特动物园	…206
贝尔法斯特号	…084
贝尔法斯特女王大学	…206
贝尔法斯特市政厅	…204
比斯特村	…129
碧翠丝·波特博物馆	…161
碧翠丝·波特艺廊	…161
波德里安图书馆	…134
波洛克玩具博物馆	…074
波特贝罗路古董商店街	…054
波特贝罗路市集	…053
波特梅里恩	…196
不列颠尼亚号皇家游艇	…171
布莱顿皇家亭阁	…225
布莱克威尔	…136
布莱尼姆宫	…137
布雷尔收藏馆	…177
布什米尔斯老酒厂	…212

C

Cittie of Yorke	…078
苍穹岛	…183
查令十字街	…059
厨房酒吧	…210

D

Dog & Duck	…060
大本钟	…043
大圣玛丽教堂	…120
大学学院	…130
大英博物馆	…072
狄更斯故居	…108
都市天主教堂	…155
杜莎夫人蜡像馆	…107

F

Floris	…065
Fortnum&Mason	…066

菲奇克花园	…079
费兹威廉博物馆	…122
福尔摩斯博物馆	…106

盖德大厅	…211
高尔纪念园	…143
鸽舍	…162
格拉姆斯古堡	…179
格拉斯哥大教堂	…176
格拉斯哥乔治广场	…175
格拉斯哥艺术学院	…176
格拉斯米尔村	…162
格莱斯顿之家	…174
格林威治市集	…049
格林威治天文台旧址	…110
格伦科峡谷	…180
贵宾席剧场商品店	…075

国家煤矿博物馆	…193
国家美术馆	…055
国家铁路博物馆	…224
国家肖像馆	…106
国家羊毛博物馆	…193
国立海事博物馆	…111
国王十字车站	…068
国王学院	…121
国宴厅	…056

Hamleys	…099
Hatchards	…062
哈佛之屋	…143
哈勒赫古堡	…196
哈罗兹百货	…101
哈维·尼科尔斯百货	…100
海德公园	…094

海军拱门	…056	霍尔园	…142
汉普顿宫	…048	霍华德城堡	…223

J

James Smith & Sons Ltd.	…073
基督教堂学院	…130
基督圣体学院	…132
加的夫城堡	…186
加的夫千年球场	…188
加的夫市政厅	…187
加的夫湾	…189
简·奥斯汀中心	…219
剑河	…125
剑桥市集广场	…121
剑桥书店	…121
姜饼屋	…163
禁卫军博物馆	…041
旧皇家海军学院	…110
巨人之路	…212
巨石阵	…218
巨穴夜总会	…154
郡政厅	…088

汉特里安艺术画廊	…177
航海博物馆	…153
荷尔农庄	…225
赫特福德学院叹息桥	…135
红堡	…194
红茶之家	…077
华莱士收藏馆	…107
华兹华斯博物馆	…162
皇冠酒吧	…209
皇后学院	…125
皇后之屋	…111
皇家艾伯特演奏厅	…096
皇家交易所	…086
皇家马厩	…040
皇家骑兵卫队总部	…056
皇家莎士比亚剧院	…141
皇家苏格兰军团博物馆	…168
皇家新月楼	…220
皇家医院	…079
皇家英里大道	…170

K

卡尔顿山	…169
卡法克斯塔	…129
卡菲利城堡	…102
卡里迪加庄园	…194
卡里克空中索桥	…213
卡纳封	…198
卡农门街	…172
卡斯尔菲尔德城市遗产公园	…148
凯恩戈姆国家公园	…179
康威城堡	…199
科芬园	…061
科技馆	…190
科文特加登广场	…074
科学博物馆	…097
科学和工业博物馆	…148
克利福德塔	…224
肯辛顿花园	…095
肯辛顿宫	…096
库瑞本克纺纱厂	…149

L

Liverpool ONE	…157
拉德克利夫科学图书馆	…134
莱德山庄	…161
莱斯特广场	…059
兰迪德诺	…201
兰塔夫大教堂	…192
劳里艺术中心	…149
老特拉福德球场	…217
利百代百货	…100
利物浦博物馆	…156
利物浦大教堂	…155
利兹	…226
林肯大教堂	…216
伦敦博物馆	…091
伦敦德里	…210
伦敦交通博物馆	…076
伦敦桥	…085
伦敦市政厅	…087
伦敦塔	…082
伦敦塔桥	…084
伦敦眼	…046
伦敦中国城	…067
罗宾汉故事博物馆	…222
罗蒙特湖和特洛萨克斯山国家公园	…182
罗斯林小教堂	…172
罗伊德保险协会大楼	…089

M

Maison Bertaux	…061
马修街	…154
玛莎百货	…045
码头大厦	…190
曼彻斯特中国城	…149
莫德林学院	…132
默顿学院	…131

N

纳什之屋	…143
尼斯湖	…180
牛津城堡	…136
牛津大学自然历史博物馆	…132
牛津街	…044
牛津商业中心	…134
诺丁汉城堡	…221
诺丁汉大学	…222
诺丁山	…110

P

Paxton&Whitfield	…065
Prestat	…066
Pringle of Scotland	…063
帕普二手货服饰店	…076
帕特尼桥	…220
披头士纪念馆	…156
皮卡迪利广场	…063

Q

千禧桥	…090
邱园	…111

R

Rock & Sole Plaice	…060
人民博物馆	…167
人民历史博物馆	…147
瑞士保险总部	…089

S

Simpson's Tavern	…109
Sotheran's	…223
Sweetings	…039
萨默塞特宫	…105
萨奇画廊	…047
萨瑟克大教堂	…085
赛弗里奇	…044
三一学院	…122
莎士比亚诞生地	…141
莎士比亚环形剧场	…086
莎士比亚母亲的房子	…142
莎士比亚妻子之屋	…142
莎士比亚中心	…141
蛇形画廊	…104
舍伍德森林乡村公园	…221
设计博物馆	…090
摄政公园	…109
摄政街	…098
圣安大教堂	…205
圣安卓	…182
圣奥斯华德教堂	…163
圣巴塞罗缪教堂	…091
圣保罗大教堂	…077
圣戴维斯	…200
圣费根国立历史博物馆	…190
圣哥伦布大教堂	…211
圣贾尔斯大教堂	…173
圣马丁教堂	…054
圣玛格丽特教堂	…042
圣玛丽教堂	…133
圣玛丽里波教堂	…089
圣米迦勒天使教堂	…162
圣墓教堂	…123
圣乔治大厅	…157
圣乔治广场	…208
圣三一教堂	…140
圣十字宫	…168
圣约翰学院	…124
圣詹姆斯公园	…040
圣詹姆斯宫	…108
斯戴尔夫人之家	…174
斯诺登尼亚国家公园	…195
斯皮特菲尔德市场	…046
斯特林古堡	…172
苏格兰博物馆	…170
苏格兰威士忌遗产中心	…175
苏格兰议会大厦	…173
索里村	…161

T

Three Graces	…153
Trafalgar Tavern	…049
泰坦尼克号之旅	…208
泰特现代美术馆	…087
泰晤士河	…047

唐宁茶	…057
唐宁街10号	…058
特拉法尔加广场	…052
特威德河	…178
天鹅海	…197

 W

Waterstone's	…064
Wedgwood	…064
West Cornwall Pasty	…075
World's End	…069
瓦德汉学院	…133
王尔德故居	…079
王子街	…171
威尔士城堡工艺品百货	…188
威尔士国家博物馆和美术馆	…189
威尔士生活博物馆	…191
威尔士议会大厦	…191
威廉堡	…183
威灵顿拱门	…095
威斯敏斯特教堂	…041
威斯敏斯特天主教堂	…043
维多利亚购物广场	…208
维多利亚和艾伯特博物馆	…099
温布利球场	…108
温德米尔湖	…160
温莎堡	…115
温莎大公园	…116
温莎皇家购物中心	…114
温莎镇	…115

 X

西菲尔德城堡购物中心	…207
象房咖啡馆	…169
谢尔登剧院	…135
新市政厅	…088

 Y

Ye Olde Cheshire Cheese	…078
伊顿公学	…117
伊顿镇	…117

议会大厦	…042
英格兰银行博物馆	…086
英国最小的房子	…199
鹰岬文法学校	…161
约翰·赖兰兹图书馆	…148
约翰·刘易斯百货	…045
约翰·诺克斯宅第	…174
约克大教堂	…222
约克郡博物馆	…224
约维克维京中心	…223

 Z

泽西岛	…227
阵亡将士纪念碑	…057
植物园	…207
砖块街	…083
自然历史博物馆	…097

考拉旅行书目，带您乐游全球！

攻略系列！

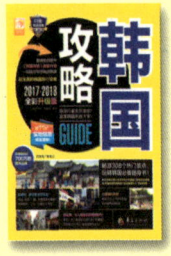   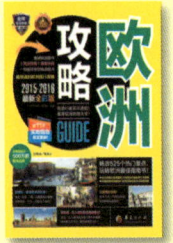 

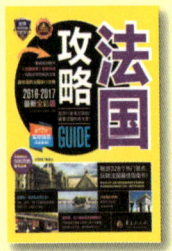 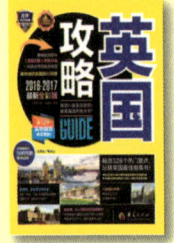   

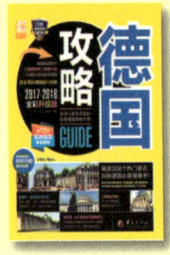 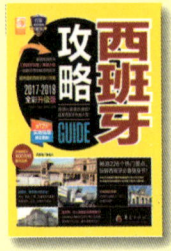 

更多图书
敬请期待……

考拉旅行书目，带您乐游全球！

畅游系列！

更多图书
敬请期待……

图书在版编目（CIP）数据

英国攻略/《英国攻略》编辑部编著. --2版. -- 北京：华夏出版社，2019.10
ISBN 978-7-5080-9738-1

Ⅰ．①英… Ⅱ．①英… Ⅲ．①旅游指南－英国 Ⅳ．① K956.19

中国版本图书馆 CIP 数据核字（2019）第 066613 号

英国攻略

作　　者	《英国攻略》编辑部
责任编辑	杨小英
责任印制	刘　洋

出版发行	华夏出版社
经　　销	新华书店
印　　装	河北赛文印刷有限公司
版　　次	2019年10月北京第2版　2019年10月北京第1次印刷
开　　本	720×920　1/16开
印　　张	15
字　　数	200千字
定　　价	58.00元

华夏出版社　网址：www.hxph.com.cn　地址：北京市东直门外香河园北里4号　邮编：100028
若发现本版图书有印装质量问题，请与我社营销中心联系调换。　　电话：(010) 64663331（转）

考拉旅行 乐游全球